JUDO

Siegbringende Techniken

von Weltklasse-Judoka demonstriert

Die Autoren bedanken sich herzlichst bei
Renaud DUBOIS und dem Verlag Éditions Amphora für das entgegengebrachte Vertrauen.
Tausend Dank ebenfalls an Denis BOULANGER für sein Talent und seine Kreativität.
Frédéric DEMONTFAUCON und Stéphane WEISS möchten sich ebenso bei
Elena BENARD, Automne PAVIA, Pénélope BONNA, David LAROSE,
Ugo LEGRAND und Benjamin DARBELET für ihre freundliche und wertvolle Mitarbeit
an diesem Buch bedanken.
Unser Dank geht zudem an Charlotte PREVEL, unsere stets lächelnde Makeup-Artistin, die mit ihren
Pinseln und ungezählten Pudern jeden zum Strahlen bringen kann!
Ebenso möchten wir den Leitern des »La Maison du Taï Chi« (Tai Chi-Haus) in Bagnolet und den
Verantwortlichen des Judoclubs von Sainte-Geneviève des Bois für ihre
Bereitschaft und ihre freundliche Art danken.

First published in 2017 by Éditions Amphora, Paris

Titel der Originalausgabe: Frédéric Demontfaucon, Stéphane Weiss,
»Techniques de Judo. De la ceinture blanche à la ceinture noire:
50 techniques incontournables«

Fotos: Denis Boulanger

Bibliografische Information der Deutschen Nationalbibliothek
Die Deutsche Nationalbibliothek verzeichnet diese Publikation in der
Deutschen Nationalbibliografie; detaillierte bibliografische Daten
sind im Internet unter http://dnb.dnb.de abrufbar.

Übersetzung aus dem Französischen: Julia Hellmann,
Übersetzungswelt, www.uebersetzungswelt.de

Satz und Redaktion der deutschen Ausgabe:
Verlags- und Redaktionsbüro München,
www.vrb-muenchen.de

ISBN 978-3-7679-1226-7
Printed in Hungary
www.copress.de

Frédéric Demontfaucon
Stéphane Weiss

JUDO

Siegbringende Techniken von Weltklasse-Judoka demonstriert

COPRESS SPORT

INHALT

DIE ATHLETEN

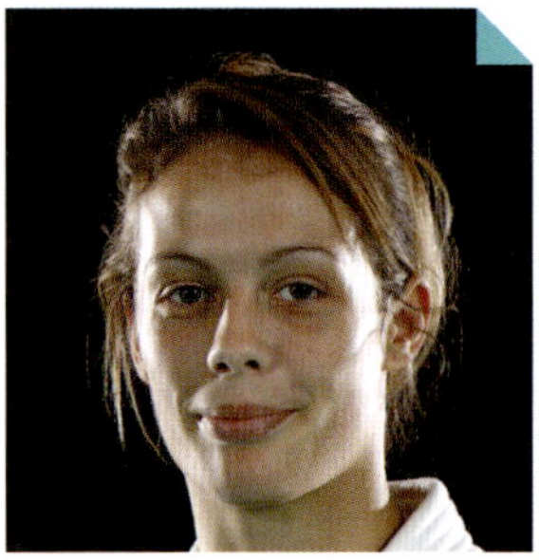

Pénélope BONNA

Geboren am 22. Mai 1988

Gewichtsklasse: unter 52 kg

Erfolge

- Französische Vizemeisterin der Junioren in 2006
- 3. bei den Europameisterschaften der Junioren in 2007
- Französische Meisterin der Junioren in 2007
- 3. bei den Französischen Meisterschaften in 2009
- 3. bei den Europameisterschaften 2010
- Französische Meisterin in 2010, 2011 und 2013
- Europameisterin 2011
- Mannschafts-Weltmeisterin 2011
- Mannschafts-Europameisterin 2014

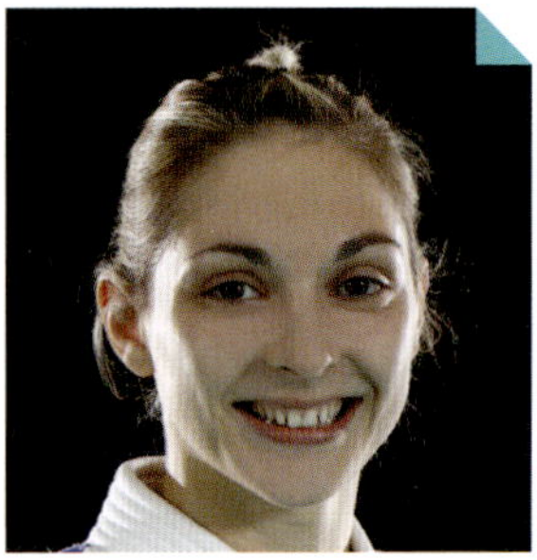

Automne PAVIA

Geboren am 3. Januar 1989

Gewichtsklasse: unter 57 kg

Erfolge

- Französische Meisterin der Junioren in 2006
- Französische Vizemeisterin der Junioren in 2007
- Junioren-Europameisterin 2007
- Französische Meisterin der Junioren in 2008
- Junioren-Vizeweltmeisterin 2008
- Französische Meisterin 2009
- Französische Meisterin 2011
- 3. bei den Europameisterschaften 2012
- 3. bei den Olympischen Spielen 2012
- Europameisterin in 2013, 2014 und 2016
- 3. bei den Weltmeisterschaften 2014 und 2015

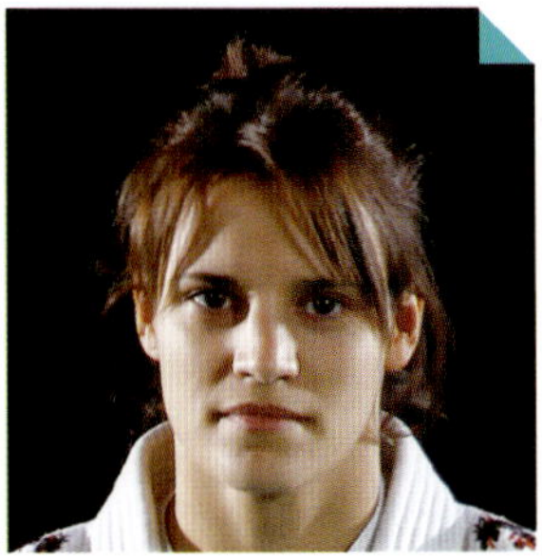

Elena BENARD

Geboren am 22. Juni 1987
Gewichtsklasse: unter 48 kg

Erfolge

- 3. bei den Französischen Meisterschaften in 2009
- 3. bei den Französischen Meisterschaften in 2010
- 5. bei den Französischen Meisterschaften in 2011

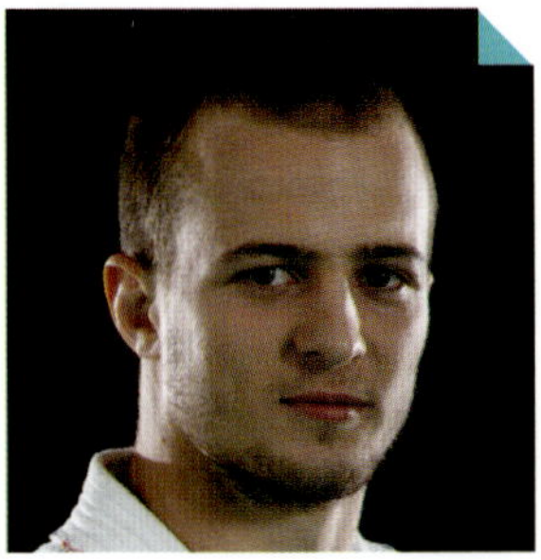

Ugo LEGRAND

Geboren am 22. September 1989
Gewichtsklasse: unter 73 kg

Erfolge

- Französischer Meister der Kadetten in 2005
- 3. bei den Kadetten-Europameisterschaften 2005
- 3. bei den Junioren-Europameisterschaften 2006
- Französischer Junioren-Meister in 2006 und 2007
- Vizemeister bei den Junioren-Europameisterschaften 2007
- 5. bei den Französischen Meisterschaften in 2007
- Junioren-Europameister 2008
- Junioren-Weltmeister 2008
- Französischer Junioren-Meister in 2008
- Französischer Vizemeister mit der Mannschaft in 2008
- U23-Europameister 2009
- 3. bei den Europameisterschaften 2010
- Vizemeister bei den Europameisterschaften mit der Mannschaft in 2010
- 3. beim Grand Slam von Paris 2011
- Französischer Vizemeister 2011
- Mannschafts-Weltmeister 2011
- 3. bei der WM 2011
- Europameister 2012
- 3. bei den Olympischen Spielen 2012
- Vize-Weltmeister 2013
- Vize-Europameister 2014
- Vize-Europameister mit der Mannschaft in 2014

DIE ATHLETEN

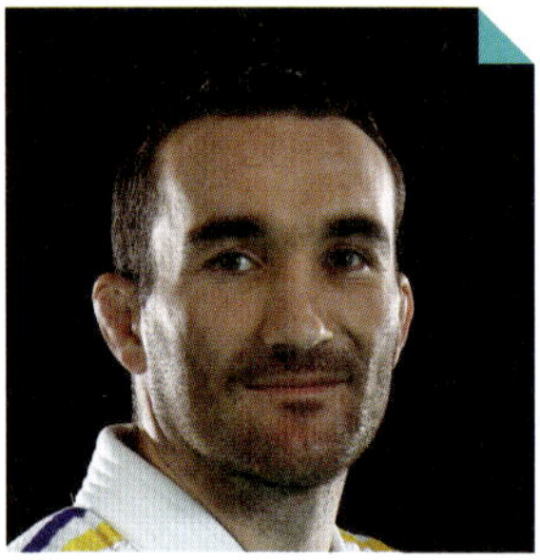

Benjamin DARBELET

Geboren am 13. November 1980
Gewichtsklasse: unter 73 kg

ERFOLGE

- 3. bei den Französischen Meisterschaften der Junioren in 1998
- Französischer Meister der Junioren in 1999
- Junioren-Europameister 1999
- Französischer Meister in 2001
- 3. bei den Französischen Meisterschaften in 2002
- Europameister 2003
- Französischer Meister in 2003 und 2005
- 3. bei den Europameisterschaften 2004 und 2005
- Vize-Europameister 2006
- 3.bei den Französischen Meisterschaften 2006
- 3. bei der WM mit der Mannschaft in 2006
- 3. bei den Europameisterschaften 2007
- Vize-Olympiasieger in 2008
- Französischer Meister 2011

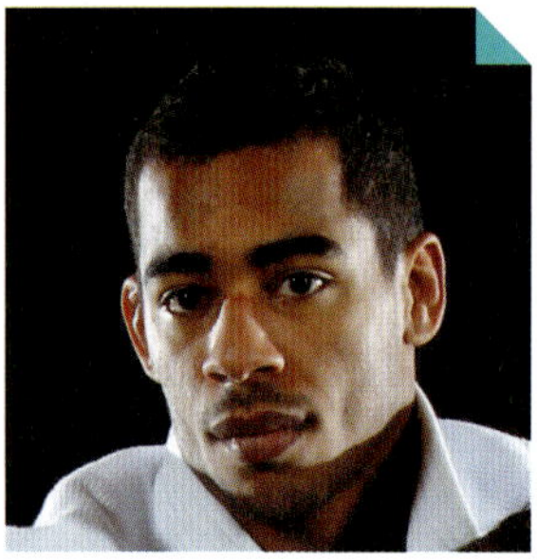

David LAROSE

Geboren am 4. Juli 1985
Gewichtsklasse: unter 66 kg

ERFOLGE

- Französischer Meister der Junioren in 2004
- Junioren-Weltmeister 2004
- 3. bei den Französischen Meisterschaften 2008
- 2. beim Europacup 2010
- 3. beim Grand Slam von Paris 2010
- Französischer Vizemeister 2011
- Sieger des Grand Slam von Paris in 2012 und 2013
- 3. bei den Europameisterschaften 2013
- Vize-Europameister 2014
- Team-Europameister 2015

1 BEIN- UND FUSSWÜRFE

Ashi-waza

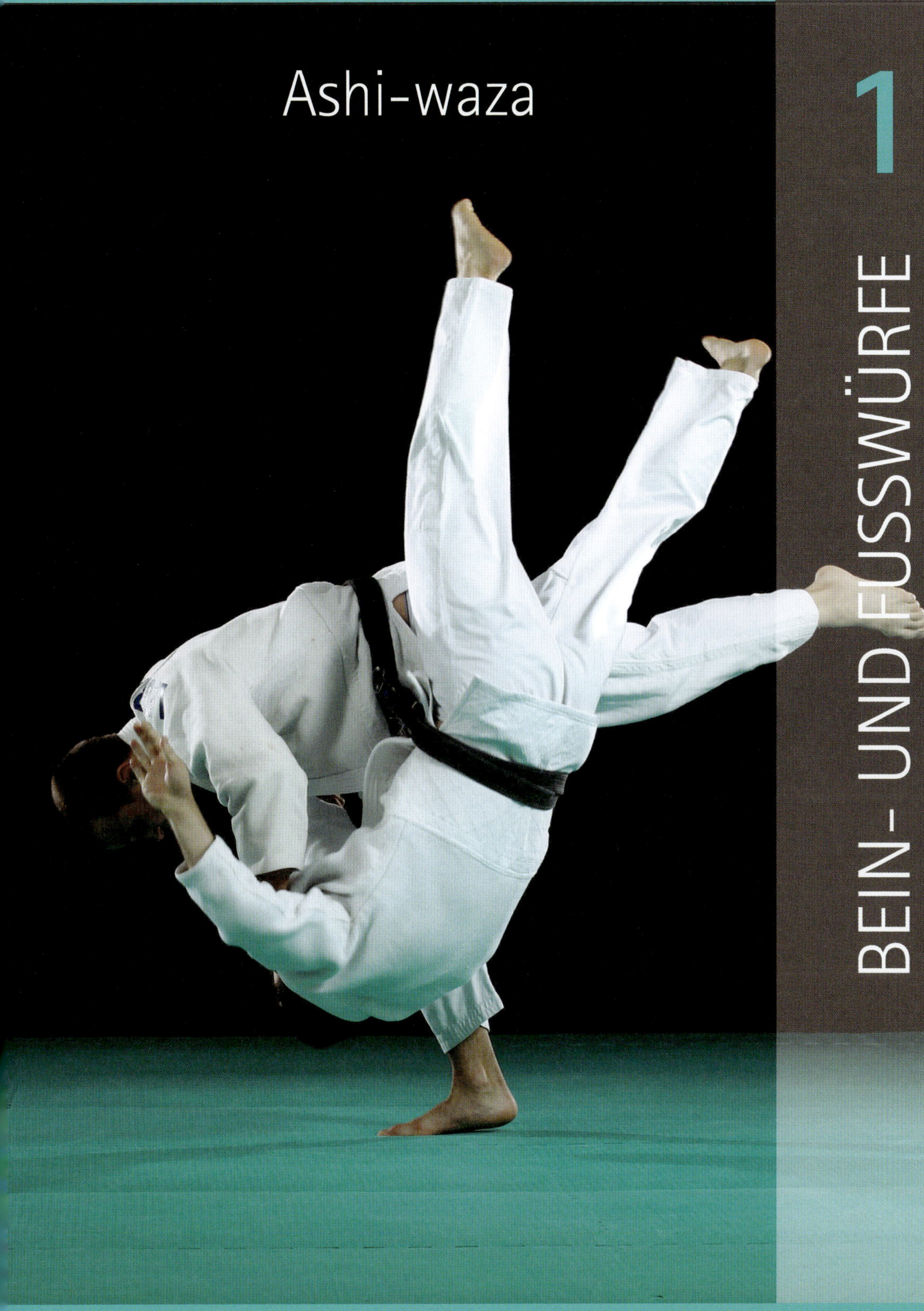

O-soto-gari

Große Außensichel

AB

AKTION

- Tori setzt seinen linken Fuß nach außen auf Höhe des linken Fußes von Uke, dabei lässt er etwas Abstand, um Ukes Gleichgewicht zu brechen.
- Mit der rechten Hand zieht Tori Ukes linken Arm nach außen, während Toris linke Hand Uke zur Seite und zurück bringt, näher an Tori heran.
- Der Unterarm von Tori berührt dabei die Brust von Uke. Toris Körper ist gerade ausgerichtet, das Standbein leicht gebeugt.
- Das linke Bein sichelt das linke Bein von Uke nach außen.

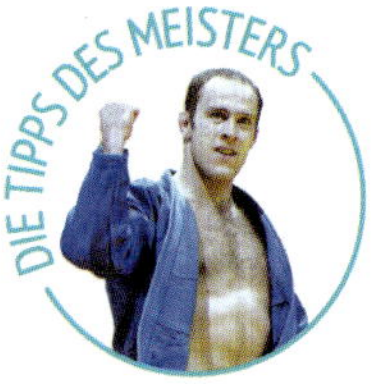

- O-soto-gari ist eine der ersten Techniken, die gelehrt wird, und damit eine der effektivsten.
- Beide Arme müssen gleichzeitig agieren.
- Die Position des Kopfes und die korrekte Ausrichtung des Körpers geben der Technik ihre gesamte Effektivität. Wenn man Richtung Boden schaut, bewegt sich das Gesäß nach hinten, was den Einsatz des Beins beim Sicheln reduziert.
- Der Rumpf darf vor der Beinaktion nicht kippen.

1 BEIN- UND FUSSWÜRFE: Ashi-waza

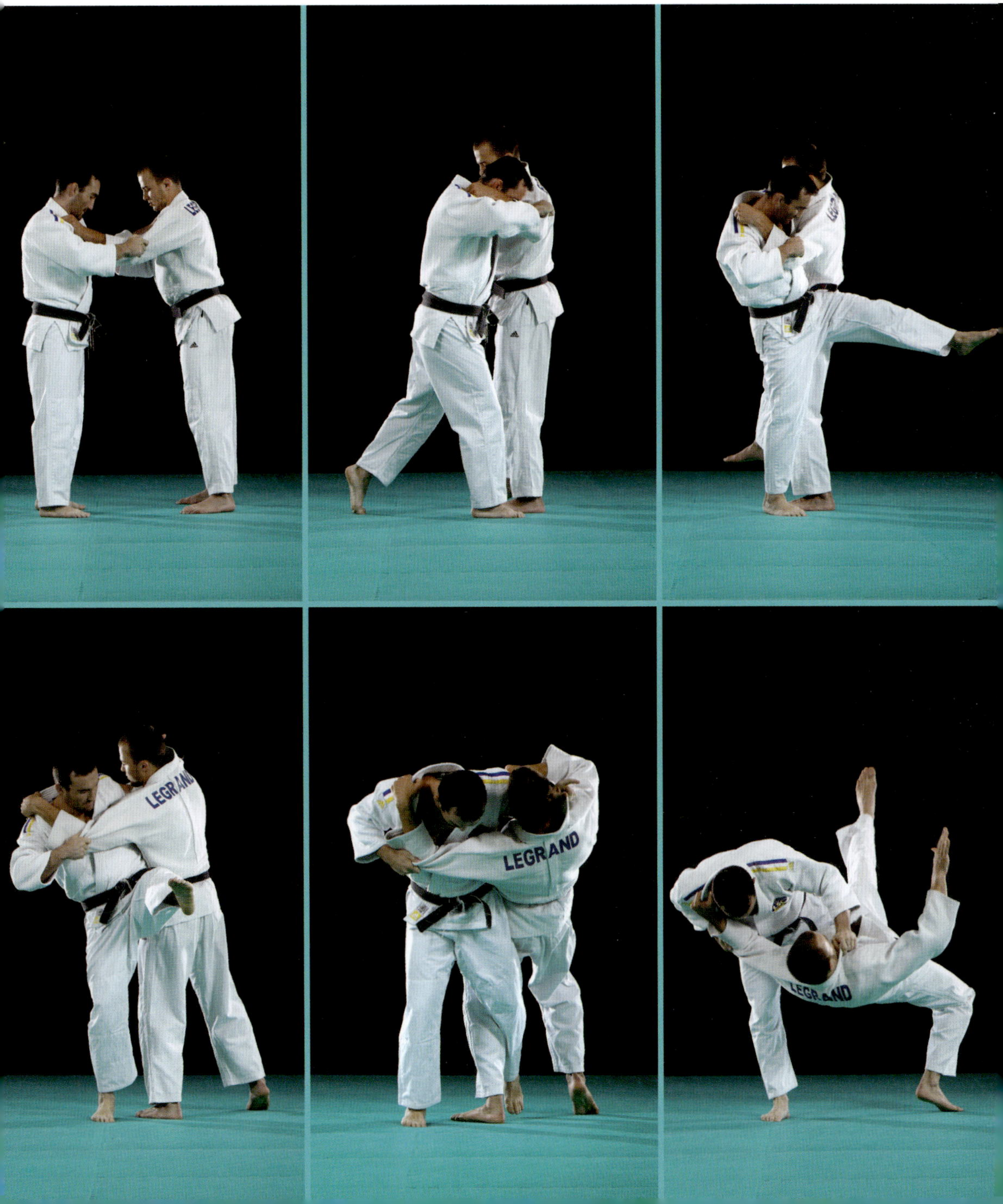

Hiza-guruma

Knierad

AB

AKTION

- Tori setzt seinen rechten Fuß an der Außenseite vor den linken Fuß von Uke, die Zehen zeigen nach innen.
- Mit seiner linken Hand zieht Tori waagerecht nach vorne. Mit der rechten Hand zieht er in der gleichen Richtung nach innen.
- Tori setzt nun seinen linken Fuß außen an das rechte Knie von Uke und zieht gleichzeitig mit seiner linken Hand Richtung Hüfte. Tori muss das Knie blockieren und nicht schieben.
- Tori zieht kräftig mit seiner linken Hand und schiebt mit seiner rechten Hand nach innen, er dreht sich auf dem rechten Fuß und bleibt dabei gegenüber von Uke.

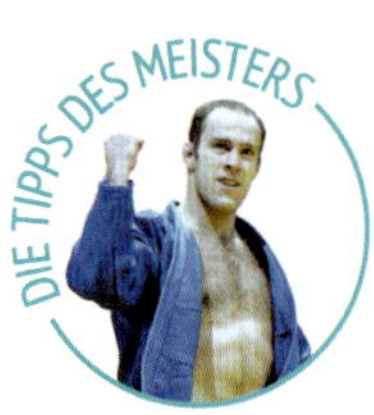

- Hiza-guruma ist zweifelsohne eine der ältesten Judotechniken. Auch wenn sie selten dazu führt, einen Punkt zu holen, so bietet sie die Möglichkeit, den Partner zu destabilisieren und im Anschluss O-soto-gari oder Haraï-goshi anzusetzen.
- Hierbei werden im Wesentlichen oft zwei Fehler gemacht: den Partner zu sich ziehen und sich zurückziehen, um das Gleichgewicht zu brechen.
- Das Wichtigste bei dieser Technik ist die Positionierung und die Brechung des Gleichgewichts, die zunächst vorne erfolgen muss. Danach wird mithilfe des Beins von Tori weiter das Gleichgewicht von Uke gebrochen, dem Tori in der Drehung folgt.

1 BEIN- UND FUSSWÜRFE: Ashi-waza

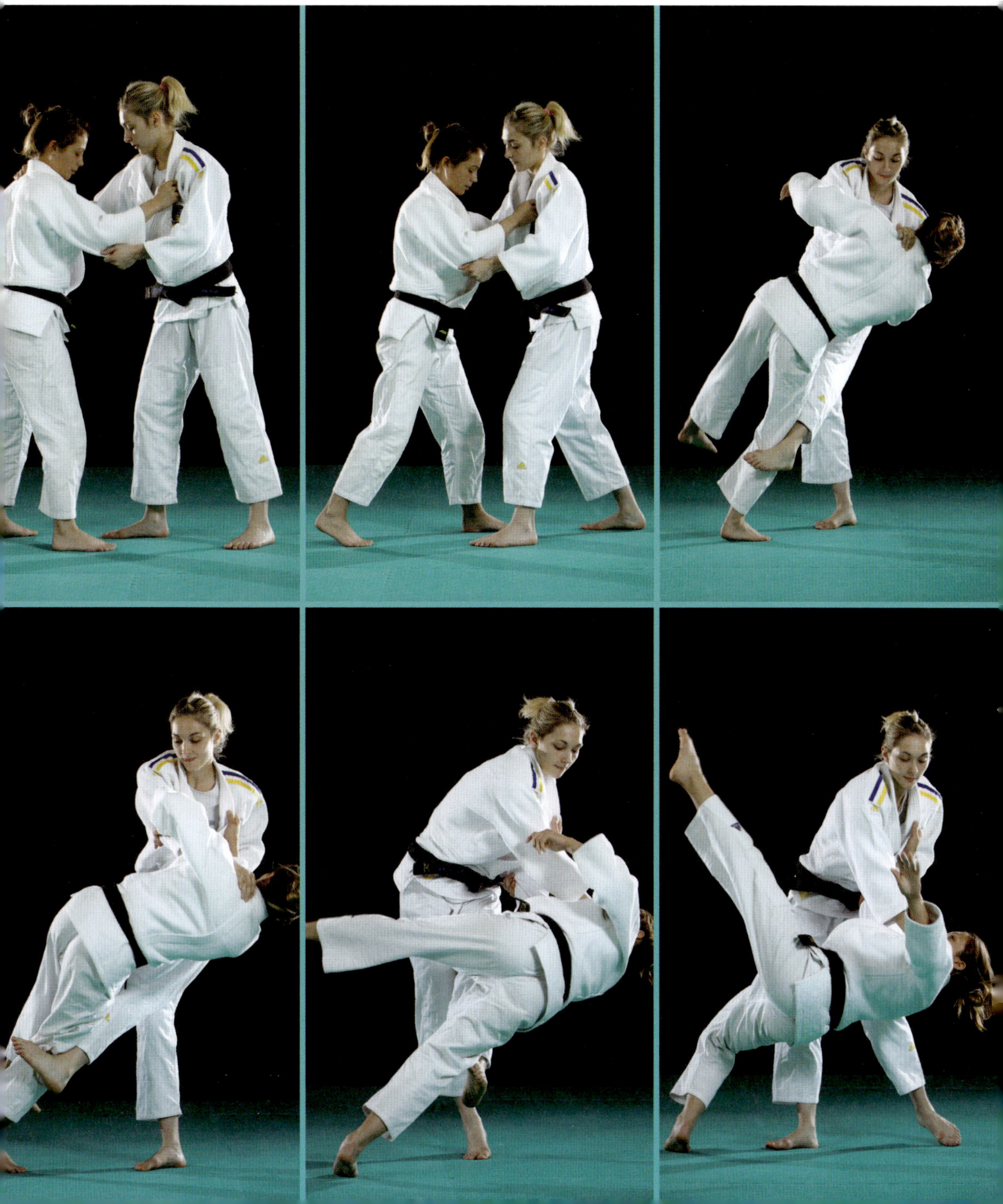

O-uchi-gari

Große Innensichel

AB

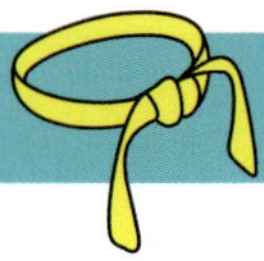

AKTION

- **Tori** setzt seinen linken Fuß vor den linken Fuß von Uke und breitet seine Arme aus. Dadurch kann er sich ungehindert fortbewegen und ohne eine rückwärtige Reaktion von Uke auszulösen.
- **Tori** nähert sich mit seinem rechten Fuß der Mitte der Standbeine von Uke. Sein Körper ist gerade, der Blick waagerecht über der linken Schulter von Uke. Die beiden Körper sind in Kontakt.
- **Toris** Kopf muss sich neben dem Ärmel befinden.
- **Tori** blockiert Uke auf seinen Fußsohlen und drückt ihn gleichzeitig mit beiden Händen nach unten. Das linke Bein sichelt das rechte Bein von Uke von innen weg.

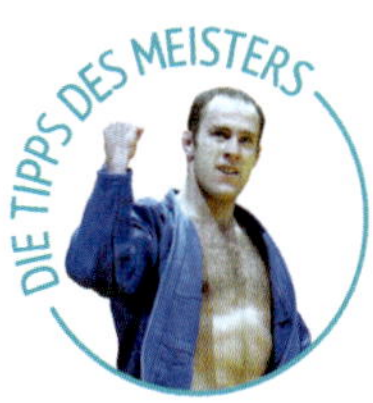

- Tori muss seine Arme lockerlassen, wenn er auf Uke zugeht.
- Die Gürtelbindung von Tori muss sich unterhalb dem von Uke befinden.
- Zu vermeidender Fehler: Tori darf Uke nicht schieben, um diesen zu Fall zu bringen, da diese Aktion die beiden Körper voneinander entfernen würde. Ganz im Gegensatz muss der Gleichgewichtsbruch mit dem Ziel erfolgen, die Fußsohlen von Uke in die Matte schieben zu wollen. Tori muss sein Gewicht auf Uke lasten lassen.
- Das Sicheln erfolgt unterhalb des Kniegelenks mit dem ganzen Bein.
- Das Becken von Tori muss Kontakt zu Ukes Becken haben.
- Tori kann Uke beim Fall begleiten.

1 BEIN- UND FUSSWÜRFE: Ashi-waza

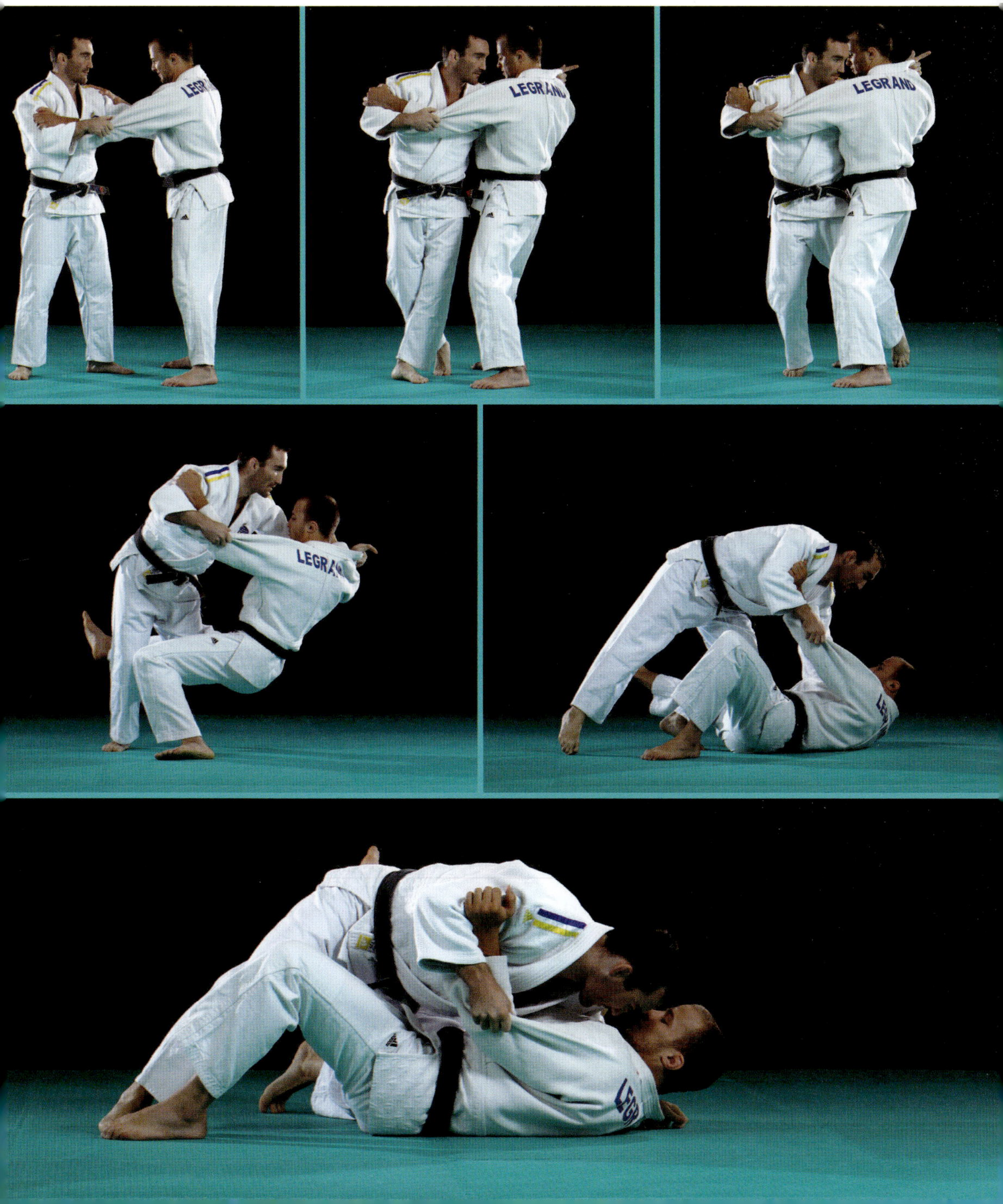

Ko-uchi-gari

Kleine Innensichel

AB

AKTION

- Tori zieht am linken Ärmel von Uke, damit dieser mit seinem linken Bein vorkommt und auf der Rückseite reagiert.
- Tori geht mit seinem rechten Fuß nach innen vor und vor den linken Fuß von Uke. Der Blick von Tori bleibt oberhalb der linken Schulter von Uke.
- Indem er sein linkes Bein befreit, sichelt Tori die linke Ferse von Uke weg und blockiert diesen auf dem linken Bein nach links hinten.

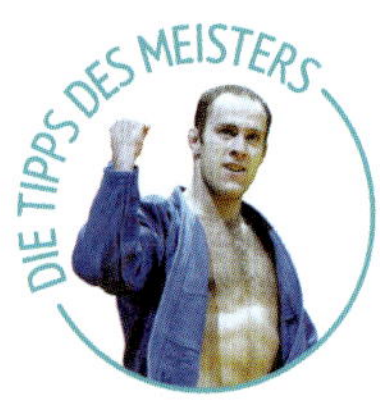

- Für die korrekte Ausführung von Ko-uchi-gari muss eine Reaktion von Uke provoziert werden.
- Bei der Vorbereitung und des Lösens des Beins muss die Kontrolle von Uke gelockert werden. Die Blockierung geschieht nur im Moment des Sichelns.
- Uke darf vor allem nicht wieder geschoben werden, sondern der Gleichgewichtsbruch muss in Richtung der Standbeine erfolgen.
- Achtung, nicht mit dem Gesäß nach hinten gehen.

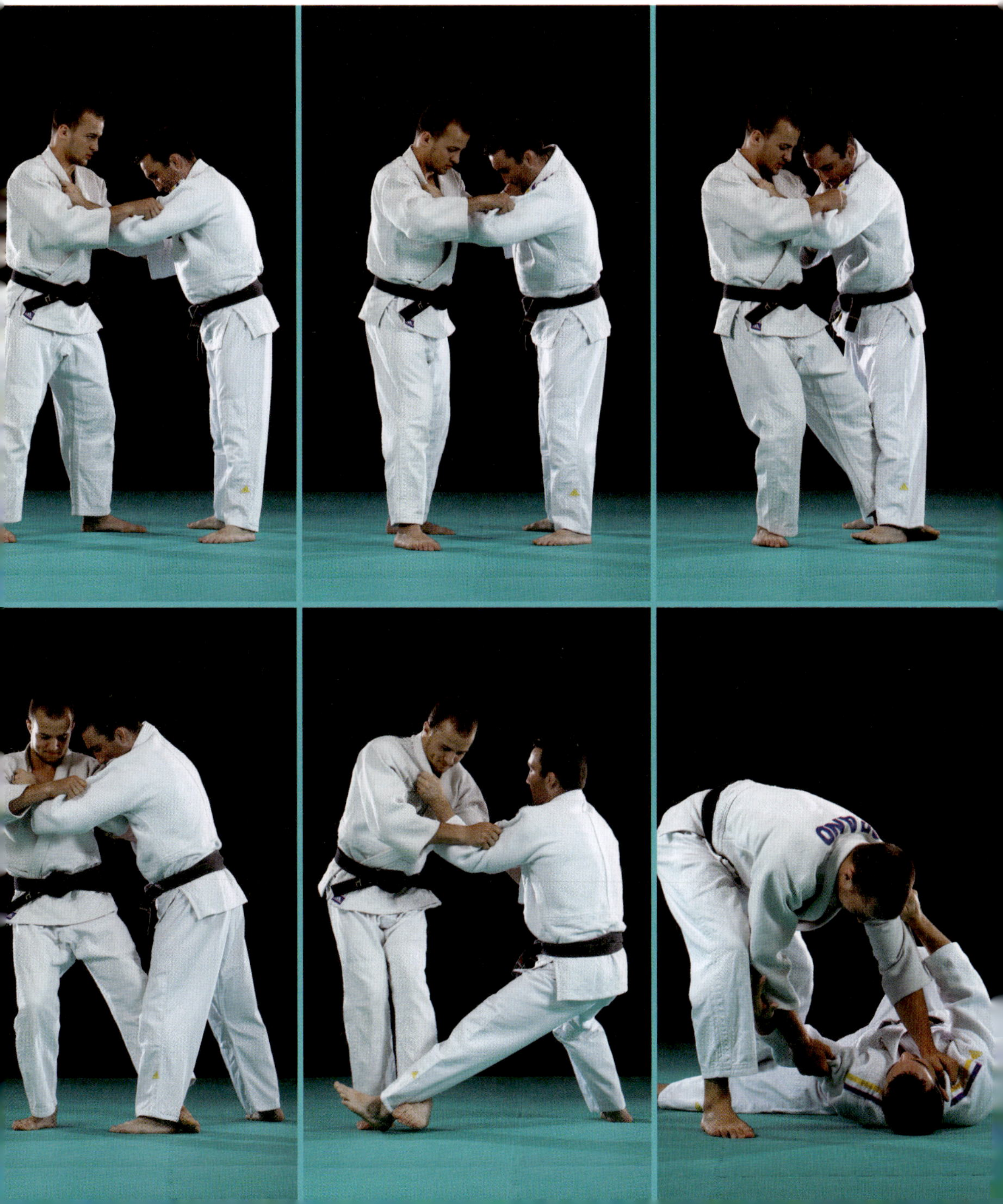

De-ashi-baraï

Fußfeger

AB

AKTION

- Beim Vorwärtsgehen dreht sich Tori auf seinem linken Fuß und setzt seinen rechten Fuß hinter seinen linken Fuß, um senkrecht zu Uke zu stehen. Er zieht Uke mit seinem rechten Arm waagerecht nach vorne, damit dieser mit seinem linken Bein nach vorne kommt.
- Tori drückt den rechten Ellbogen von Uke Richtung Hüfte, damit dieser mit seinem rechten Fuß nach vorne kommen muss.
- Tori fegt die hintere Seite des rechten Fußes von Uke in dem Moment, als er es auf den Boden stellen will, weg.
- Tori setzt die Fegebewegung so weit wie möglich fort.

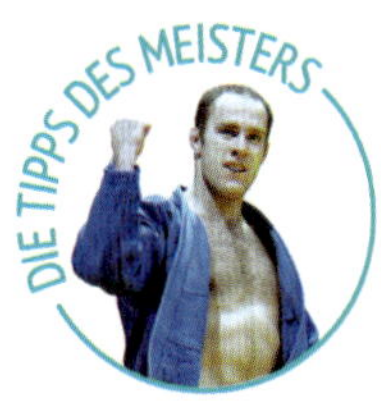

- Für das Fegen ist keine Kraft notwendig, eine schnelle Ausführung und präzise Bewegungen reichen aus, um die schwersten Partner zu Fall zu bringen.
- Beim Fegen muss das Standbein leicht gebeugt sein und die Ausrichtung von Schulter, Becken und Knöchel auf einer Linie beachtet werden.
- Tori darf Uke darf nicht zu sich ziehen

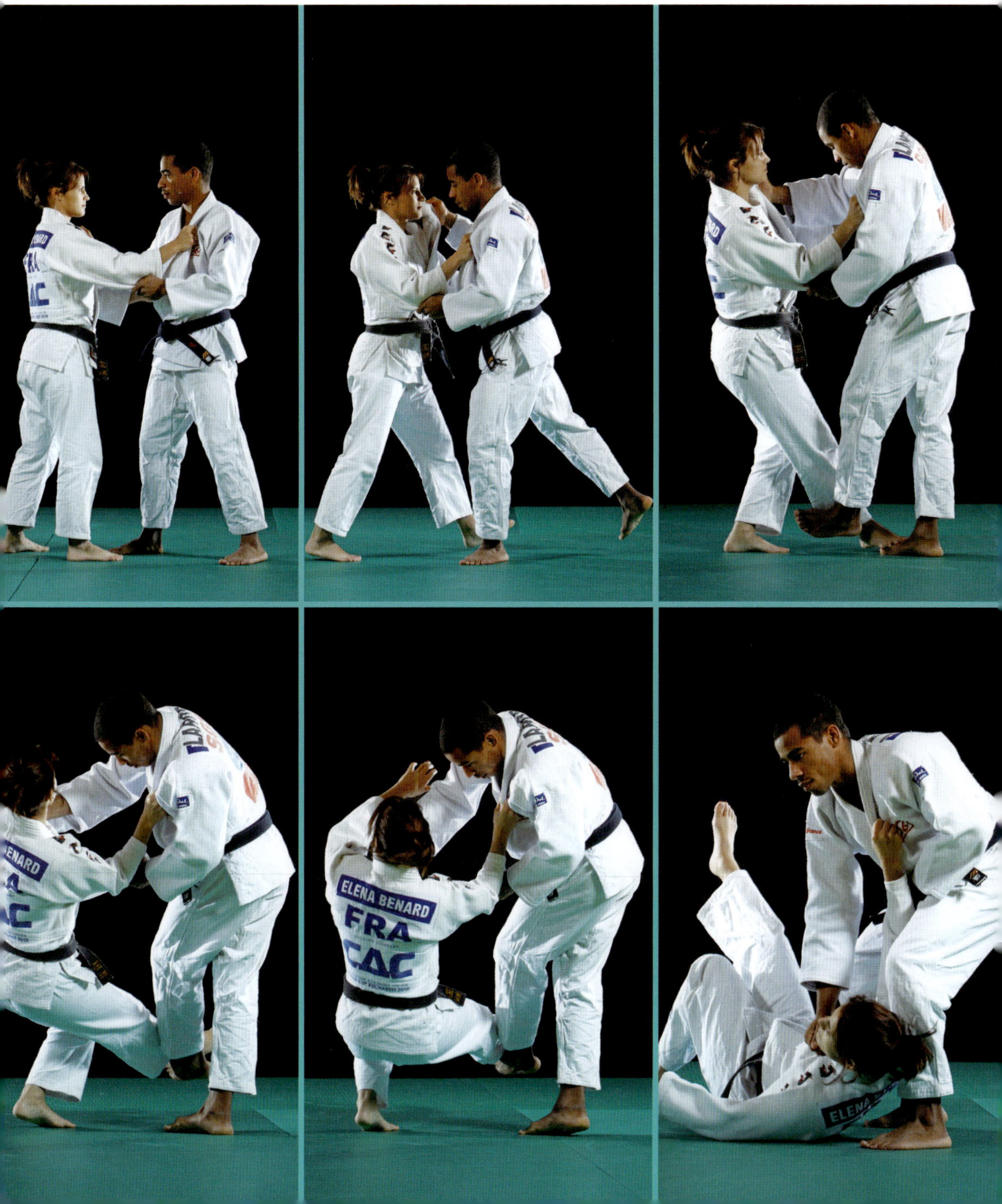
ELENA BENARD
FRA
CAC

Sasae-tsuri-komi-ashi

Fußstoppwurf

AB 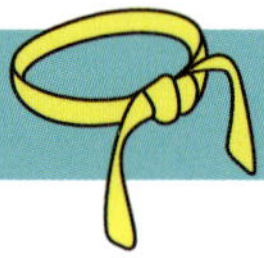

AKTION

- Tori stellt seinen rechten Fuß vor den linken Fuß von Uke, die Zehen zeigen nach innen.
- Mit der linken Hand zieht Tori nach oben und dann nach vorne. Die rechte Hand agiert gleichermaßen, in Richtung der rechten Schulter.
- Tori blockiert den rechten Knöchel von Uke mit seinem linken Fuß. Sein linkes Bein und sein Körper sind gestreckt. Die rechte Hand zieht weiter nach oben, während die linke Hand stark nach vorne und nach unten zieht.
- Tori dreht sich auf seinem Standfuß und öffnet seinen Körper nach links.

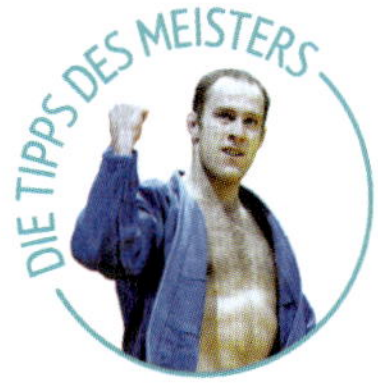

- Bei dieser Technik wird vermieden, das Gleichgewicht in die eigene Richtung zu brechen oder sich in einen rückwärtigen Gleichgewichtsbruch zu begeben.
- Tori muss in der Lage sein, sich praktisch unter Uke zu nähern, um Ukes Körper zu schwächen und sein rechtes Bein zu blockieren.
- Der Zug ist ausschlaggebend und führt zum Schwächen der Standbeine von Uke.
- Diese Technik kann auch auf der anderen Seite ausgeführt werden mit einem starken Zug auf den Ellbogen.

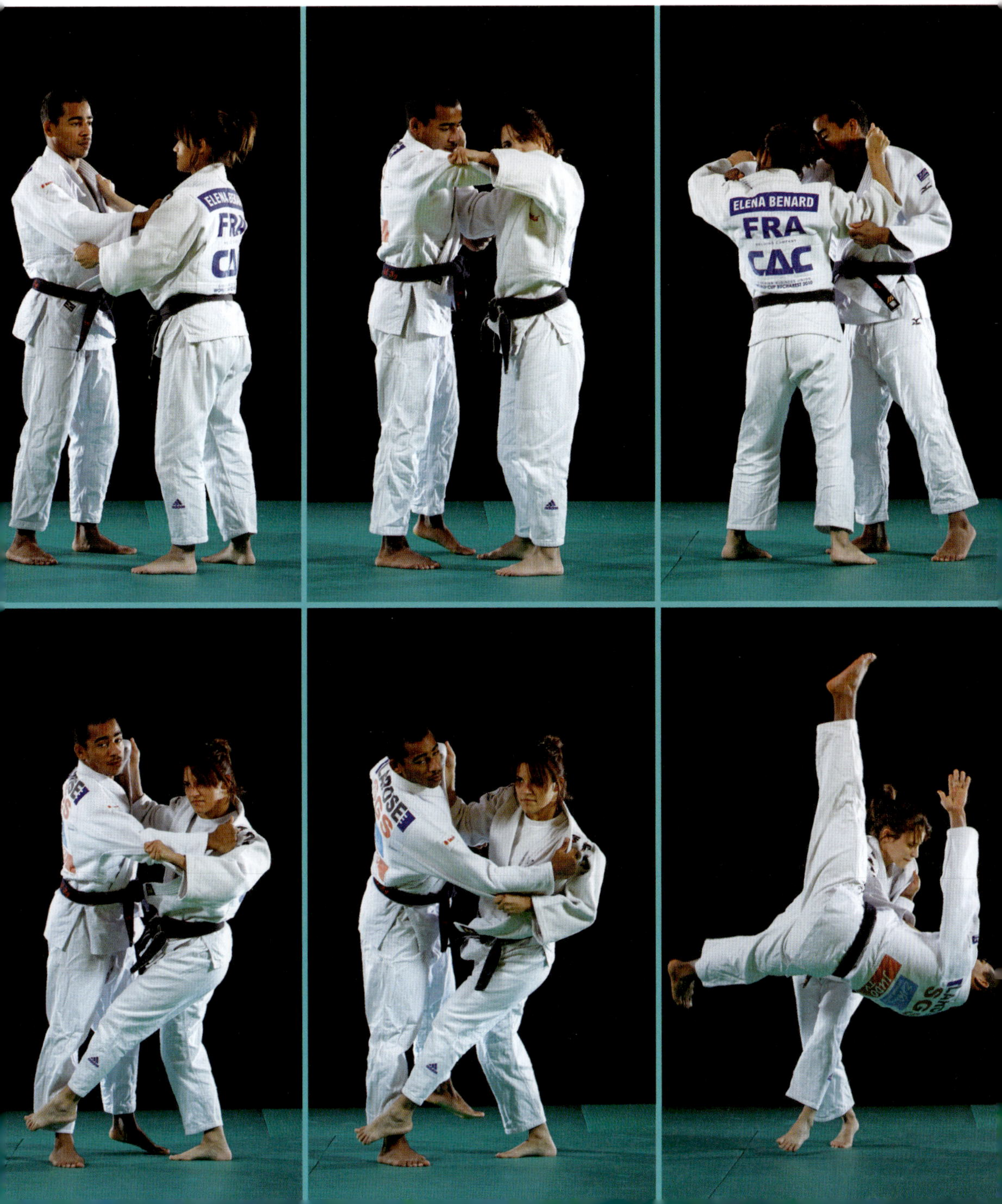
ELENA BENARD
FRA
CAC

O-soto-otoshi

Großer Außensturz

AB 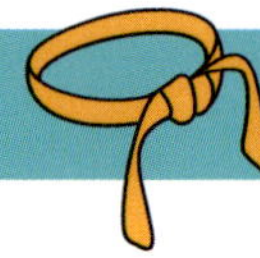

AKTION

- Tori öffnet sein rechtes Standbein und setzt es senkrecht zwischen die Standbeine von Uke. Er zieht den linken Arm von Uke zu sich und schiebt mit seinem linken Arm, um Uke am Rand seines linken Fußes zu blockieren.
- Tori hängt seinen linken Fuß am linken Bein von Uke auf Kniehöhe ein.
- Unter Beibehaltung der Beugung des Oberkörpers versetzt Tori seinen rechten Fuß an die Außenseite des linken Fußes von Uke, indem er sein linkes Bein in das linke Bein von Uke verkeilt bis zum Aufsetzen seines Fußes.
- Die Brust von Tori ist nun in Kontakt mit dem linken Arm von Uke; Tori setzt seine Aktion bis zum Boden fort und lässt Uke auf den Rücken fallen.

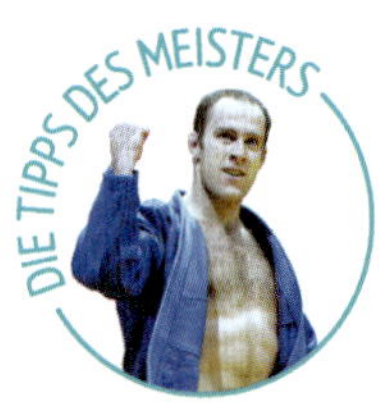

- Bei dieser Aktion handelt es sich um die Spezialtechnik von Larbi Benboudaoud und Teddy Riner.
- Diese Technik erfordert Kraft und Stoßkraft. Durch sie kann man an der Vorderseite eine Technik vortäuschen (wie z.B. Haraï-goshi, Ashi-guruma, O-guruma) und von einer Reaktion von Uke an der Rückseite profitieren.
- Die Blockade des Oberkörpers von Tori ist überaus wichtig. Sein linker Fuß am Knie »bricht« den Stand von Uke. Tori bedient sich seines ganzen Körpers, um Uke zu Boden gehen zu lassen.
- O-soto-otoshi ist in Wahrheit eine Form von O-soto-gari. Bei dieser Technik handelt es sich nicht um Sicheln, sondern um eine Form des Beinstellens.

1 BEIN- UND FUSSWÜRFE: Ashi-waza

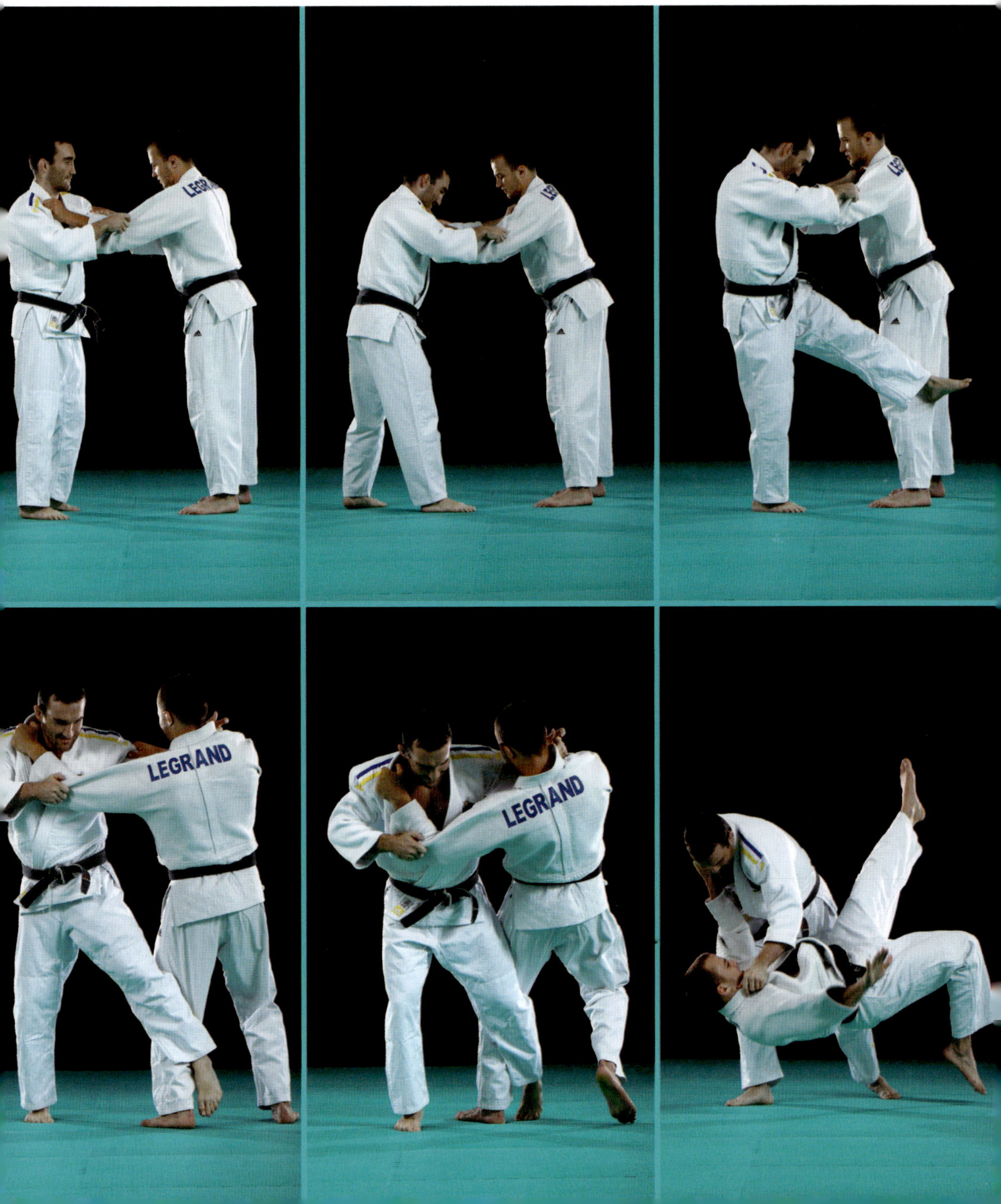

Uchi-mata

Innenschenkelwurf

AB

AKTION

Uchi-mata kann in zwei Formen ausgeführt werden, im normalen Rechtsgriff:

- Ashi-waza-Form (Bein- und Fußwürfe), bei der Tori das linke Bein von Uke wegsichelt. Diese Variante bleibt meist großgewachsenen Judokas vorbehalten;
- Koshi-waza-Form (Hüftwürfe), bei der Tori den Oberschenkel des rechten Beins von Uke wegsichelt

- Die beiden Partner befinden sich in der natürlichen Stellung. Tori geht mit seinem rechten Fuß vor den rechten Fuß von Uke und bricht das Gleichgewicht durch Öffnen seines linken Arms nach oben und vorne in Fallrichtung.
- Die rechte Hand am Revers führt gleichzeitig in die gleiche Richtung und blockiert Uke so nah wie möglich an Tori.
- Das linke Bein von Tori wird nun in gebeugtem Zustand zwischen den Beinen von Uke positioniert. Tori schaut in Richtung seiner linken Hand.
- Das rechte Bein sichelt nun zwischen die Beine von Uke.

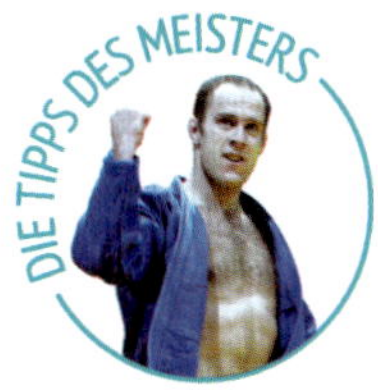

- Die Bein-Form dieser Technik wird oft von großgewachsenen Judokas ausgeführt.
- Sie erfordert einen enormen Gleichgewichtsbruch auf Höhe des Oberkörpers.
- Auf korrekte Positionierung des Beins achten für Stabilität der Standbeine.
- Im Rechtsgriff muss das linke Bein von Tori maximal innen zwischen die Standbeine von Uke hineingehen.
- Man muss ebenso darauf achten, eine korrekte Ausrichtung des Körpers beizubehalten und nach vorne zu schauen, um stabil zu bleiben.
- Die Kopfposition ist sehr wichtig. Man darf niemals auf seine Füße blicken, da sonst das Gesäß nach hinten gehen würde. Der Körper muss gerade bleiben.
- Beim Sicheln schwankt der Körper, wenn das Bein maximal gestreckt ist.
- Uchi-mata kann ausgeführt werden, wenn das rechte Bein von Uke hinten ist, entweder in der Bewegung oder nach einem Angriff, wie O-soto-gari oder Kouchi-gari. Oder aber bei der Vorwärtsbewegung des rechten Beins, nach dem Ausweichen auf ein Tai-otoshi oder nach einem O-uchi-gari mit einem Uchi-mata-ken-ken.

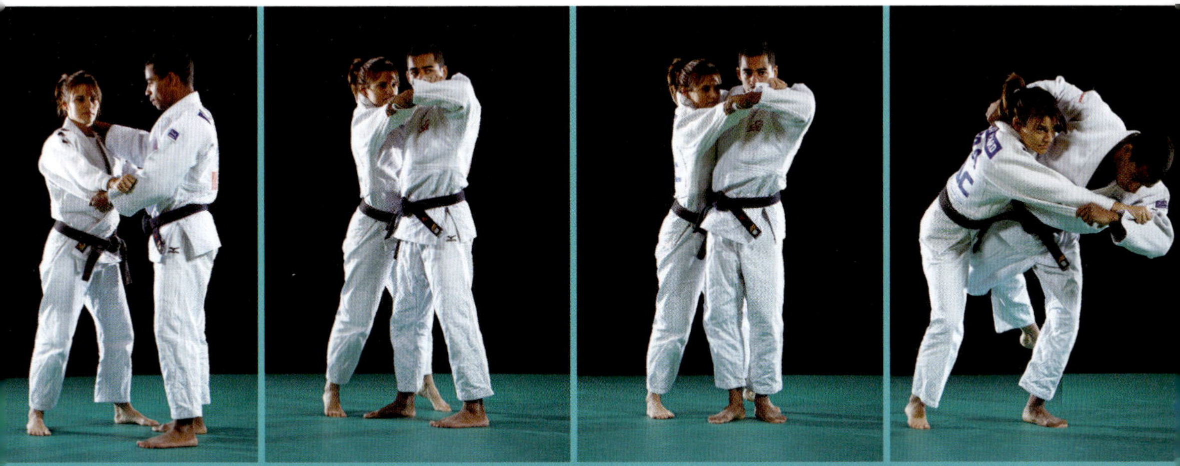

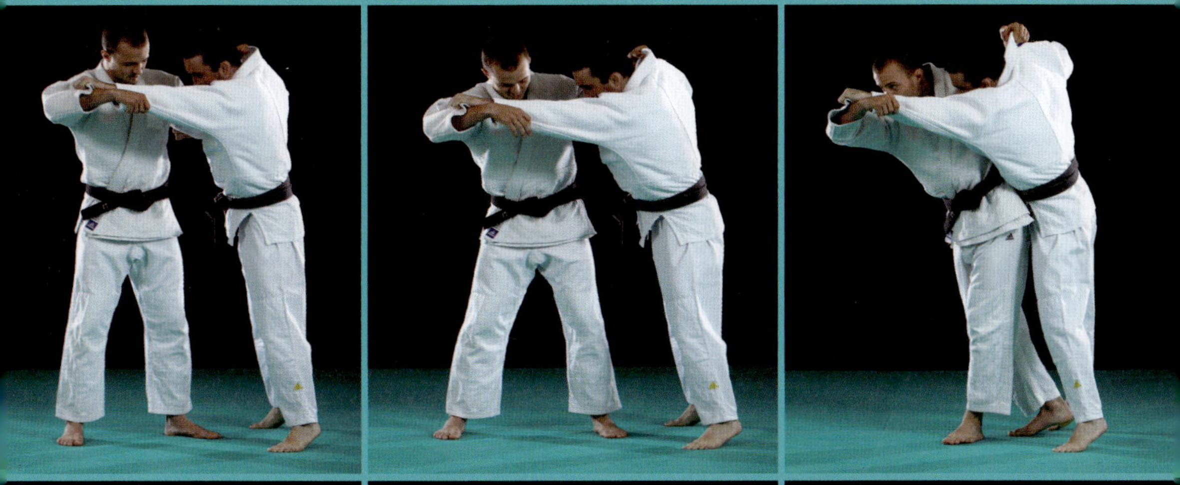

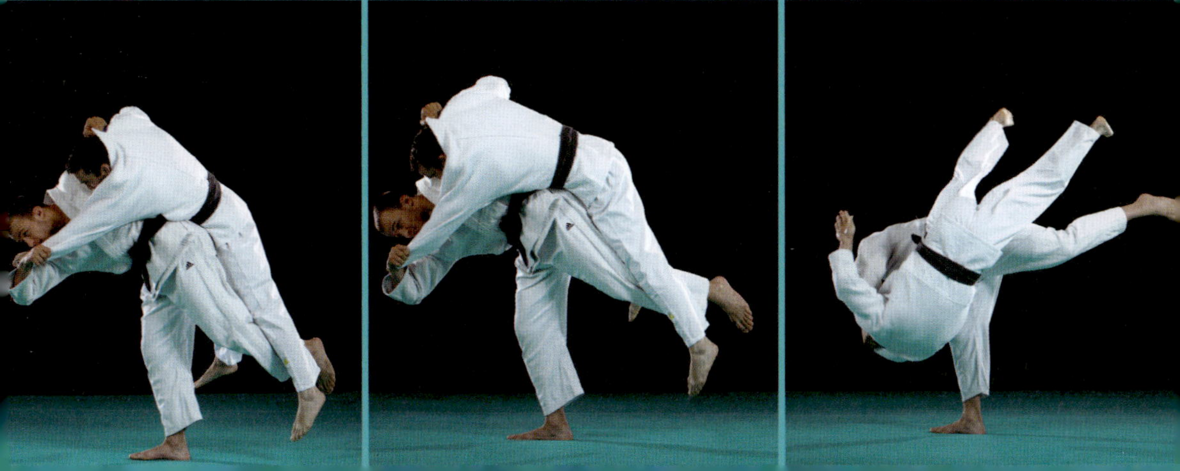

Ashi-guruma

Beinrad

AB

AKTION

- Tori geht mit seinem linken Fuß zurück und setzt stattdessen den rechten Fuß vor; mit dem rechten Arm zieht er waagerecht nach vorne. Der linke Arm schiebt seitlich und nach vorne.
- Tori dreht sich auf dem rechten Fuß und zieht Ukes Oberkörper.
- Tori positioniert seine linke Ferse unterhalb des linken Knies von Ukes, um dessen Bein zu blockieren.
- Tori dreht seinen Körper und seinen Kopf nach rechts und bringt Ukes zu Fall.

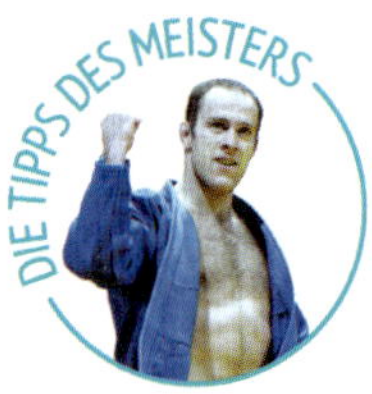

- Daniel Fernandes war der Experte des Ashi-guruma im Kreis.
- Um diese Technik gut ausführen zu können, muss man fähig sein, sich zu bewegen, ohne den Partner zu bewegen, um diesen in ein »Teufelsrad« zu befördern.
- Wenn das Bein von Tori mitwirkt, Uke zum Schwanken zu bringen, so ist es vor allem der Gleichgewichtsbruch durch den Oberkörper, der Uke zu Fall bringt.
- Ashi-guruma erfordert nicht besonders viel Kraft, sondern eine gute Bewegungskoordination.
- Es besteht ein geringes Konterrisiko, da der Partner konstant vorne aus dem Gleichgewicht gebracht wird. Er ist so gut wie nicht in der Lage, eine andere Bewegung auszuführen.

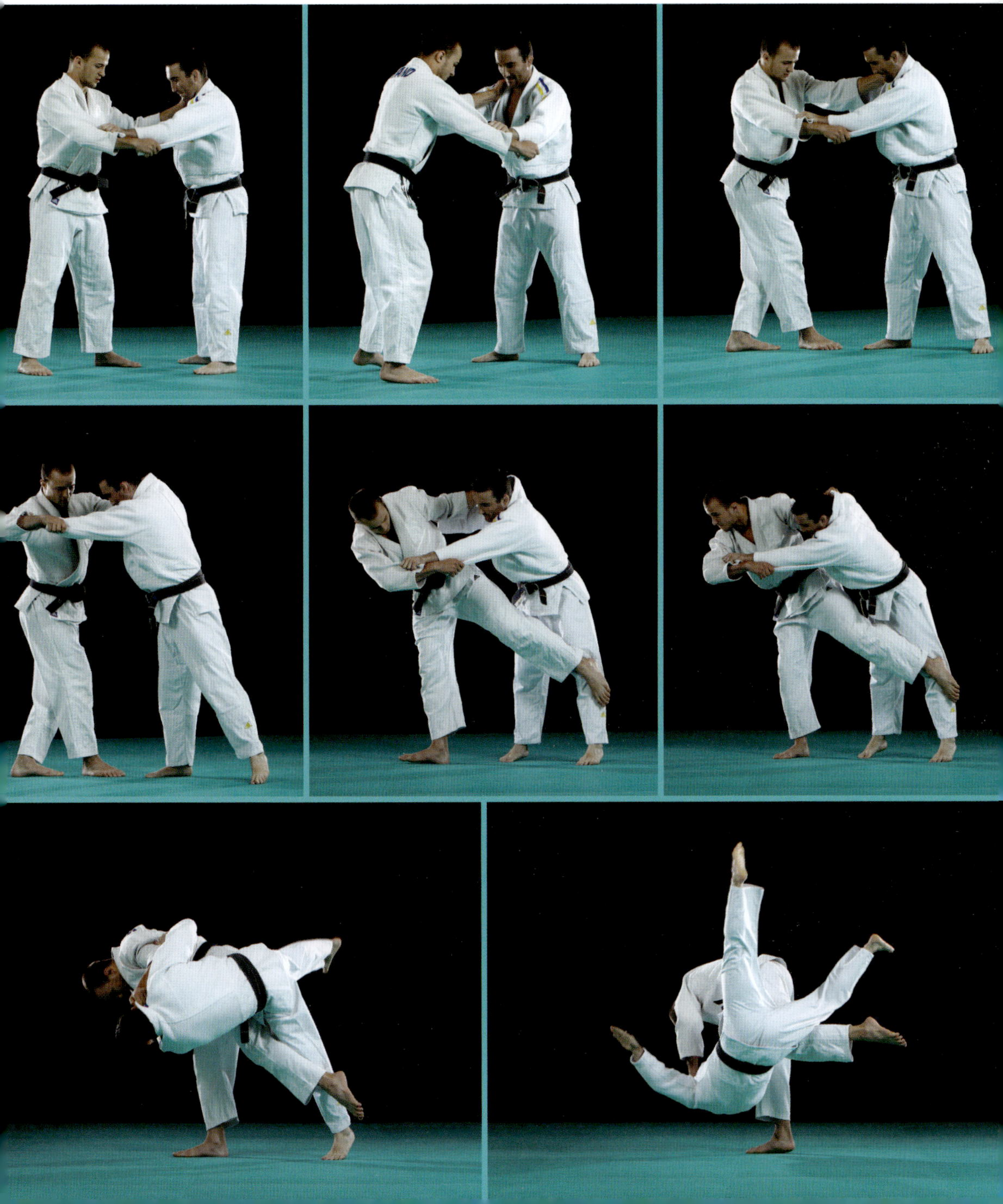

O-guruma

Großes Rad

AB

AKTION

- Tori setzt seinen rechten Fuß vor den rechten Fuß von Uke und bewahrt dabei einen Abstand zur Brechung des Gleichgewichts.
- Tori zieht mit seinem linken Arm waagerecht und nach vorne. Sein linker Arm wirkt mit. Tori geht mit seinem linken Fuß etwas zurück und blockiert mit seinem rechten Bein beide Oberschenkel von Uke.
- Tori zieht nun mit seinem linken Arm an der linken Hüfte, der rechte Arm schiebt den Kopf von Uke. Körper und Kopf von Tori drehen sich nach links, sein rechtes Bein streckt er nach hinten aus.

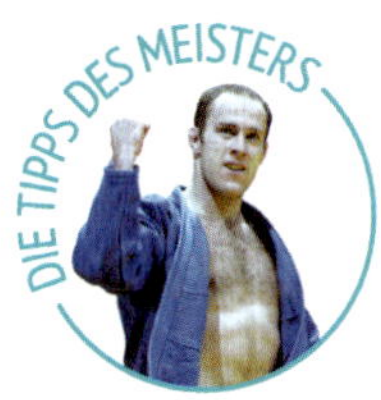

- Diese dem Ashi-guruma ähnliche Technik ist nicht immer einfach auszuführen.
- Die Mitwirkung der Arme ist entscheidend. Man darf nicht zu schnell in Richtung Hüfte ziehen, sondern muss erst das Gleichgewicht nach vorne brechen.
- Sobald der Körper nach vorne blockiert ist, setzt die Drehung des Kopfes nach links ein und zieht den übrigen Körper mit.

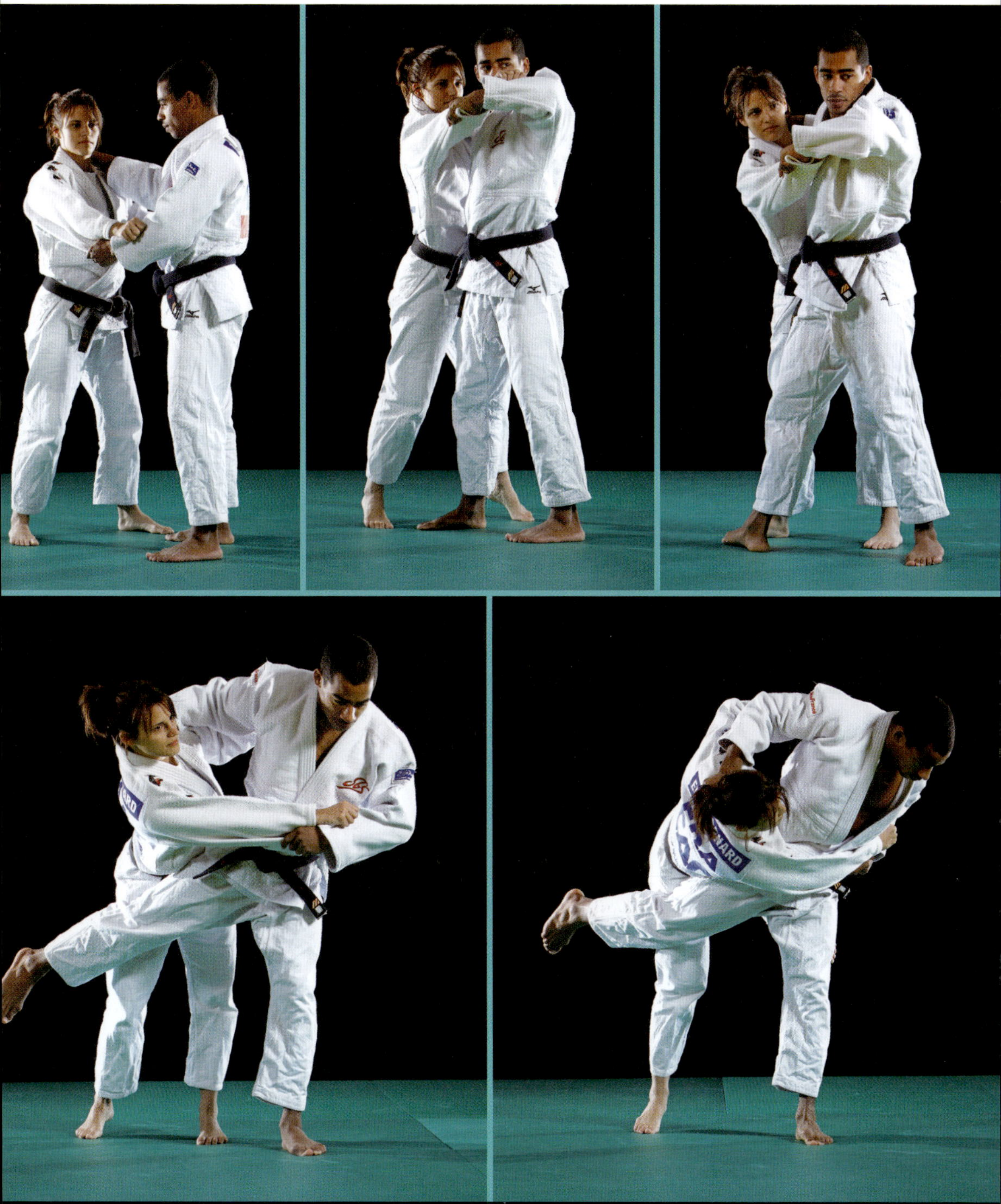

Ko-soto-gari

Kleine Außensichel

AB

AKTION

Die Technik kann von beiden Seiten ausgeführt werden.

Kragen-Seite:

- Tori lässt Ukes linkes Bein nach vorne kommen. Er setzt seinen linken Fuß neben seinen linken Fuß und blockiert Uke hinten an seinem linken Fuß. Tori verlagert sein Gewicht auf die linke Schulter von Uke in Richtung seines linken Standbeins.
- Tori sichelt das linke Bein von Uke weg und blockiert dabei seinen rechten Arm, um ihn daran zu hindern, mit seinem rechten Bein nach hinten zu gehen.

Ärmel-Seite:

- Tori hält den rechten Ärmel von Uke in Richtung seines Standbeins fest. Tori löst Uke, indem er mit der Hand am Revers nach oben zieht/schiebt, und zwar hinten und an der Seite des zu sichelnden Beins. Der linke Fuß von Tori sichelt das rechte Standbein von Uke weg.

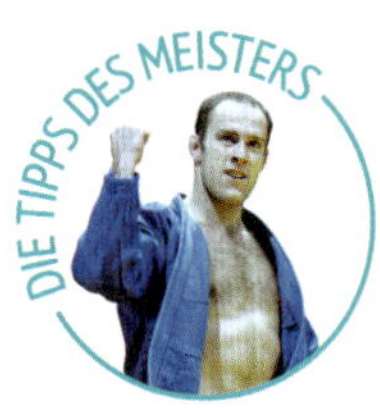

- Der Unterschied zu Ko-soto-gake liegt natürlich im Sicheln statt dem Einhängen.
- Das sichelnde Bein muss gestreckt sein, ohne mit dem Gesäß nach hinten zu gehen. Auch hier bleibt das Brechen des Gleichgewichts ausschlaggebend.
- Ko-soto-gari ist eine sehr nützliche Technik, um den Partner zu destabilisieren und ihn zu nötigen, mit seinen Standbeinen zurückzugehen.

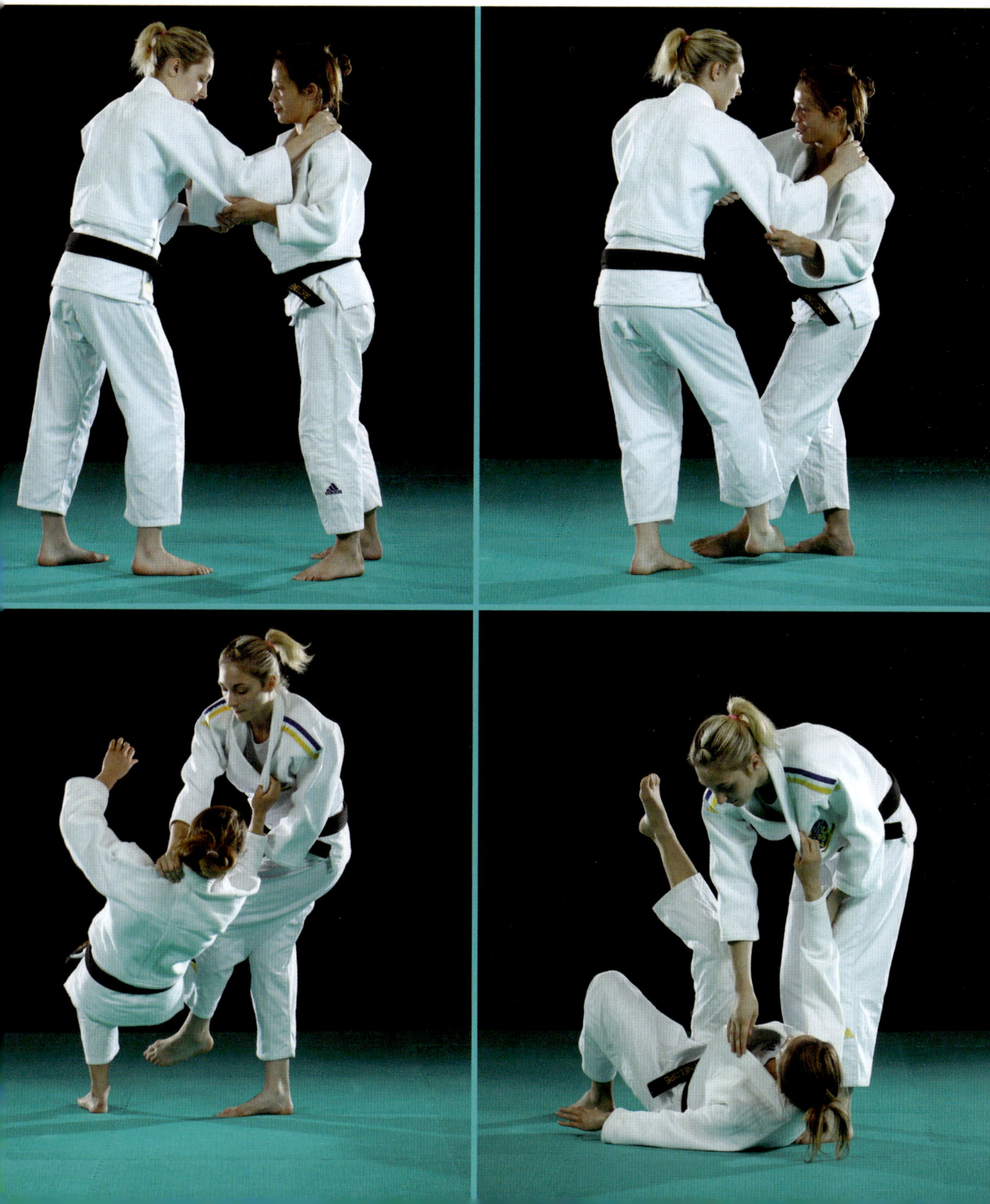

Ko-soto-gake

Kleines äußeres Einhängen

AB 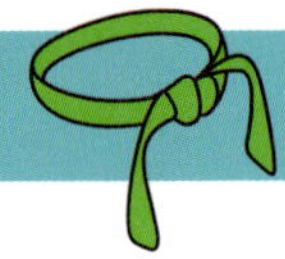

AKTION

- Tori geht mit seinem rechten Bein nach vorne zwischen die Standbeine von Uke.
- In der gleichen Bewegung blockiert Tori den rechten Arm von Uke nach unten und zu sich. Der rechte Arm schiebt nach hinten, wobei Uke auf seinem rechten Bein zur Seite und nach hinten blockiert wird.
- Tori hängt nun sein linkes Bein am rechten Bein von Uke ein und bringt ihn mit verstärkter Armeinwirkung zu Fall.

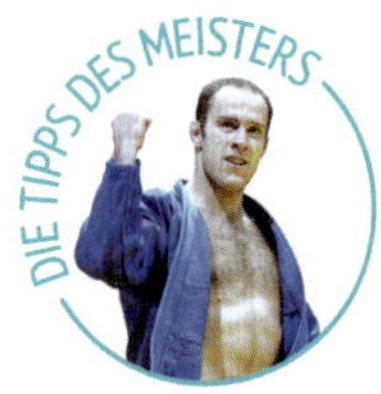

- Technik mit furchterregender Effektivität für Nahkampfspezialisten.
- Die Ausführung der Rolle, um den Partner zu blockieren, führt zu einem Bruch der Kräfte von Uke.
- Diese Technik kann auch mit dem einfachen Einhängen des Fußes ausgeführt werden.

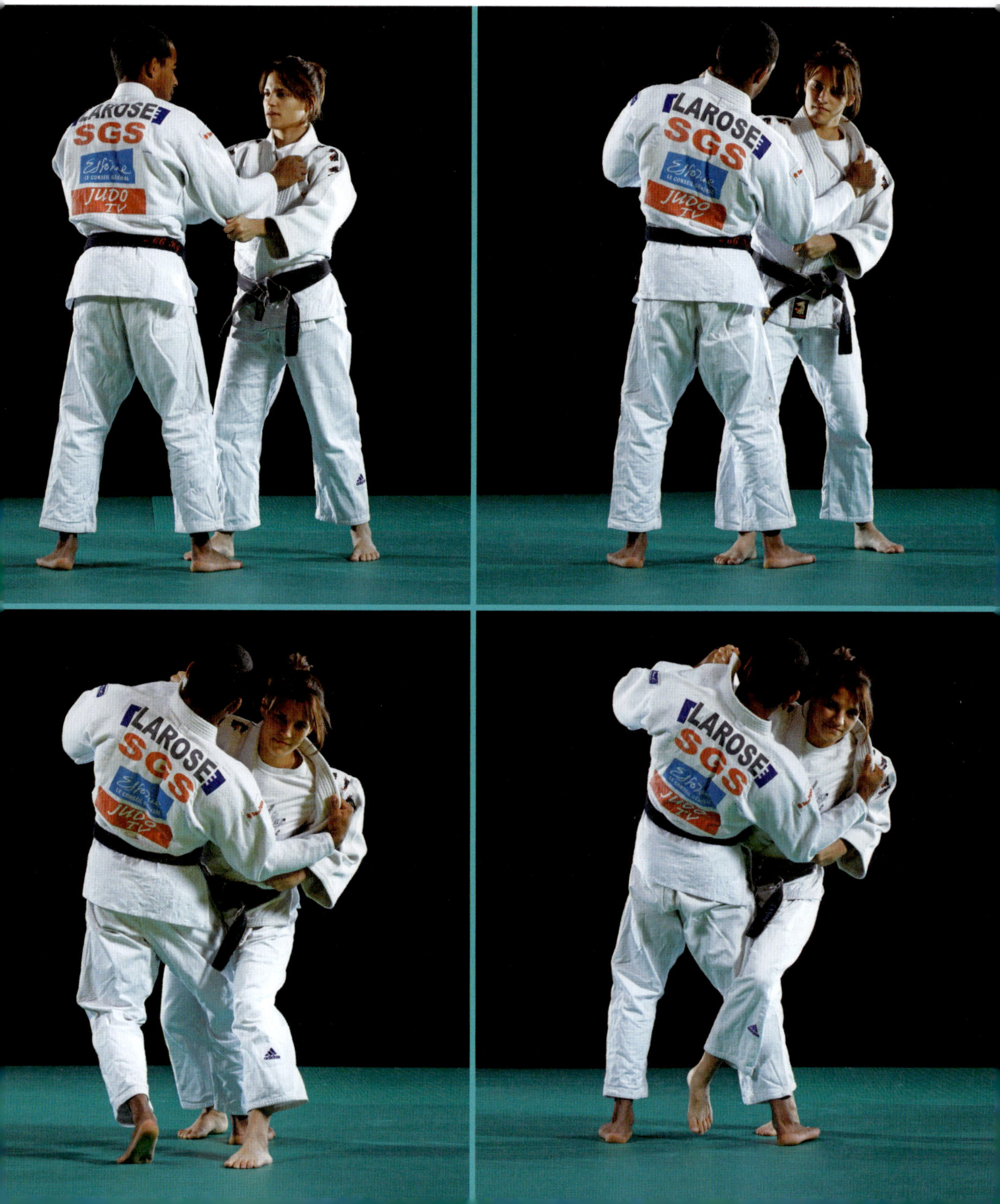
LAROSE
SGS
JUDO TV

Okuri-ashi-baraï

Fußnachfegen

AB

AKTION

- Tori und Uke laufen seitwärts und in Richtung der linken Seite von Tori.
- Beim Angriff nähert Tori sich etwas mit seinem linken Fuß den Standbeinen von Uke. Der Griff der linken Hand an das Revers erfolgt nach oben, um Uke zu schwächen. Die rechte Hand greift den Ellenbogen und geht an die Seite von Uke und leicht nach oben.
- Das rechte Bein von Tori fegt den linken Fuß von Uke an der Außenseite seines linken Knöchels weg.

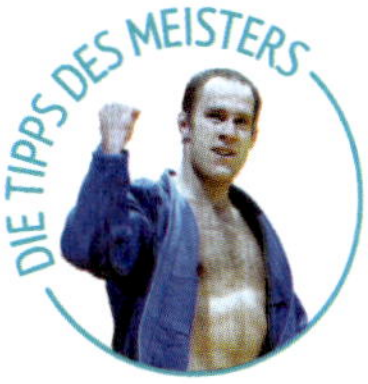

- Dieses Fegen kann auf beiden Seiten erfolgen, auch wenn der Gleichgewichtsbruch an der Kragenseite nicht ganz so effektiv ist.
- Wie bei den anderen Fußfegern erfordert auch Okuri-ashi-baraï große Bewegungsfreiheit des Körpers.
- Die gerade Ausrichtung des Körpers ermöglicht, die gesamte Kraft des fegenden Beins freizusetzen.
- Beide Arme agieren in die gleiche Richtung, um Uke zu schwächen.
- Nicht auf die Füße schauen, da sonst das Gesäß nach hinten geht.
- Die Richtung des Gleichgewichtsbrechens ist sehr entscheidend. Darüber hinaus muss die Bewegungskoordination äußerst präzise sein, sodass der Partner die Bewegung nicht kontern kann.
- Fußfege-Experten sind oft auch gute Techniker.

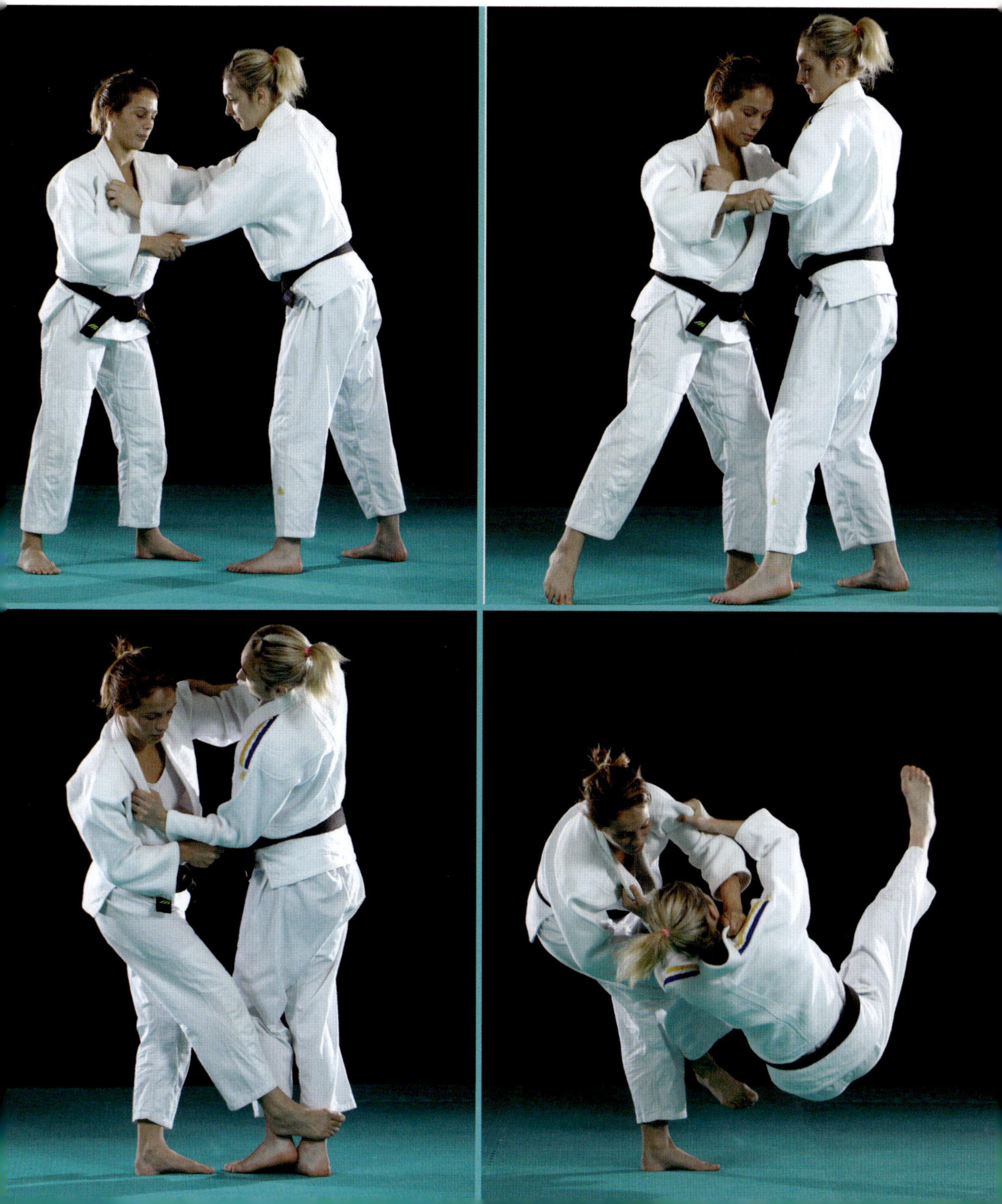

Haraï-tsuri-komi-ashi

Hebezugfußfegen

AB

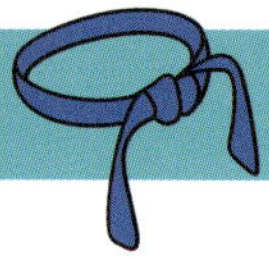

AKTION

- In der Bewegung geht Tori schnell mit seinem rechten Fuß vor, wobei die Ferse leicht nach außen zeigt, und dabei zwingt er Uke, mit seinem linken Bein zurück zu gehen.
- Tori beginnt den Zug mit seiner rechten Hand, während er den rechten Fuß von Uke zurückgehen lässt. Seine linke Hand zieht nun nach oben und nach vorne, so dass Uke auf die Fußspitzen kommt.
- Tori fegt mit seinem linken Fuß den rechten Knöchel Ukes weg.
- Tori führt eine Drehbewegung mit dem Rumpf nach links aus, um Raum vor Uke zu schaffen. Mit der linken Hand unterstützt Tori den Fall.

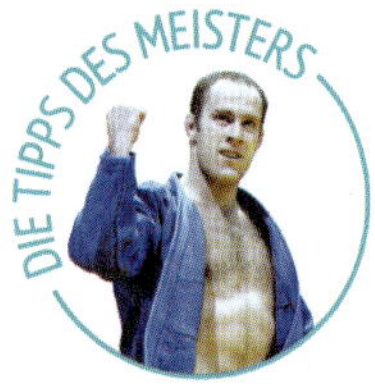

- Haraï-tsuri-komi-ashi wird oft mit Sasae verwechselt, da es das gleiche Prinzip des Gleichgewichtsbrechens durch Ziehen und Heben anwendet. Doch diese Technik unterscheidet sich durch das Fegen.
- Tori muss Uke ganz gerade schieben, um das Gleichgewicht auf einer rückwärtigen Achse zu brechen.
- Für die richtige Positionierung des Fegens muss der Partner geschwächt werden.
- Der Zug mit der rechten Hand ist entscheidend. Der Körper muss sehr gerade ausgerichtet sein, das fegende Bein gestreckt sein.
- Die Position des Körpers von Tori und die seines Beckens sind extrem wichtig.
- Toris Blick muss stets in die Waagerechte gehen.
- Tori darf mit seinem Gesäß nicht nach hinten gehen.
- Tori geht so nah wie möglich an Uke heran, um ihn hochzuheben, als ob er unter ihm hindurchgehen wollen würde.

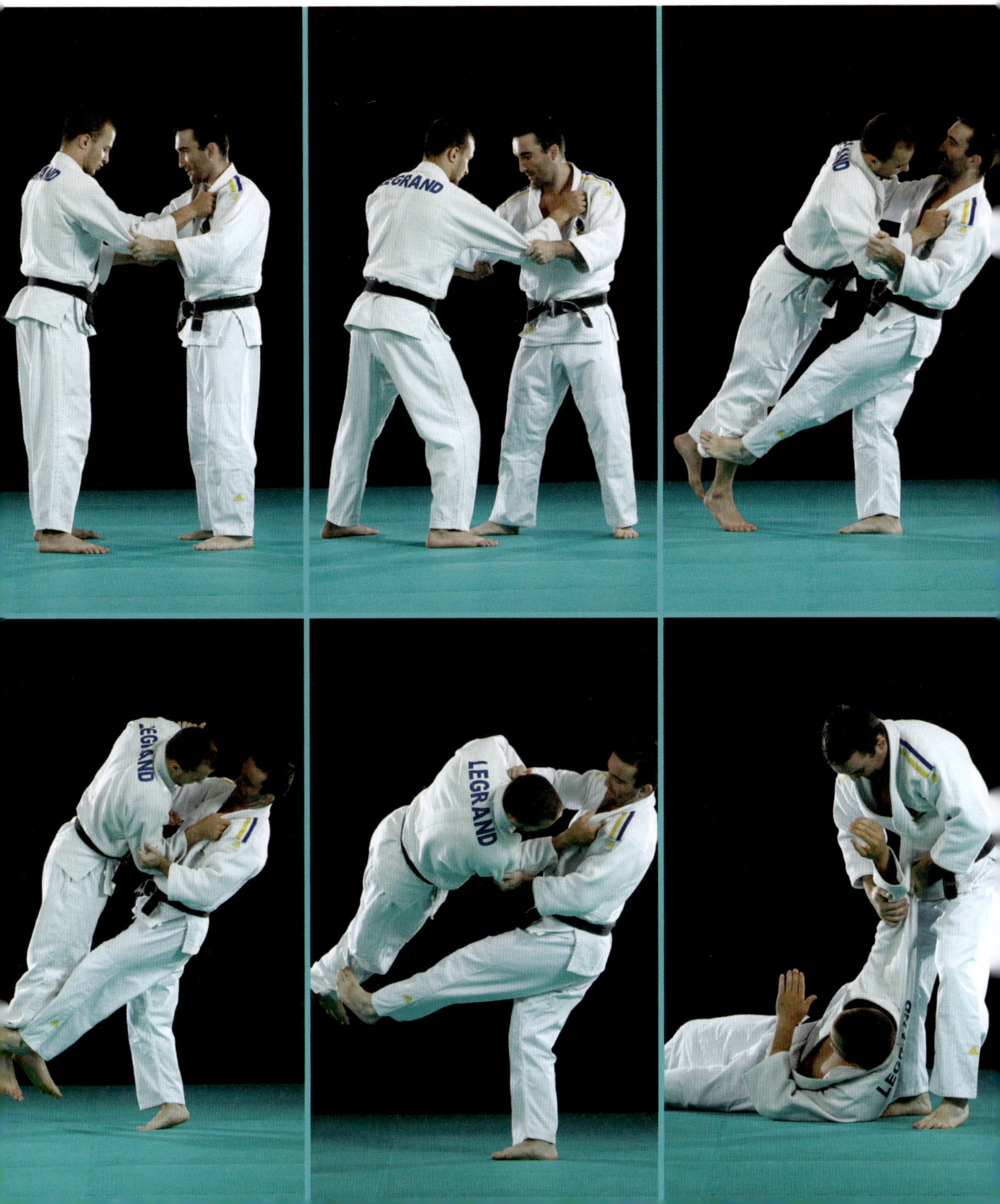
LEGRAND

Te-waza

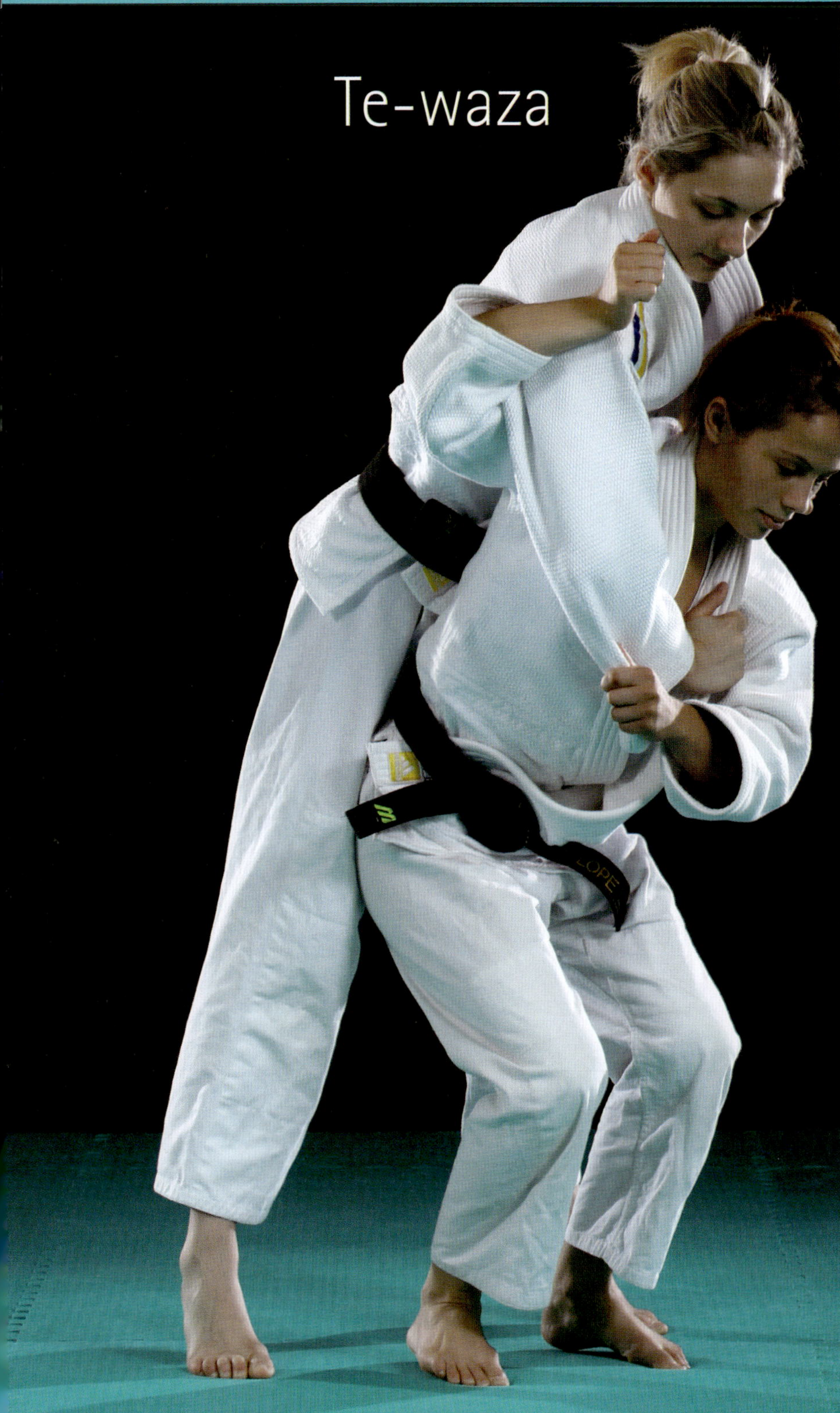

2

HAND- UND ARMWÜRFE

Morote-seoi-nage

Beidhändiger Schulterwurf

AB

AKTION

- Die linke Hand von Tori fasst an Ukes Ärmel. Die rechte Hand von Tori fasst auf Höhe des Schlüsselbeins Ukes Revers.
- Tori geht mit seinem rechten Fuß vor zu dem von Uke und bewahrt dabei einen Abstand für die Brechung des Gleichgewichts.
- Tori breitet seine Arme aus (um Ukes Standbeine zu lösen). Die Spannung des Judogis befördert Uke nach vorne und sorgt für den Gleichgewichtsbruch.
- Tori macht eine halbe Drehung, nimmt den linken Fuß mit und setzt den rechten Fuß parallel zum linken, die Beine sind gebeugt. Die rechte Hand dreht sich am Kragen ein, als ob Tori eine Schraubbewegung mit einem Schraubenzieher ausführen würde. Der rechte Ellenbogen schiebt sich unter die rechte Achsel von Uke, ohne dabei den Kragen loszulassen. Die linke Hand zieht waagrecht und nach vorne. Wie bei Ippon-seoi-nage berührt Ukes Brust die Schultern von Tori.
- Der Wurf wird durch die Streckung der Beine sowie die Drehung des Kopfes und der Schultern ausgelöst.
- Uke geht über die rechte Schulter von Tori zu Boden.

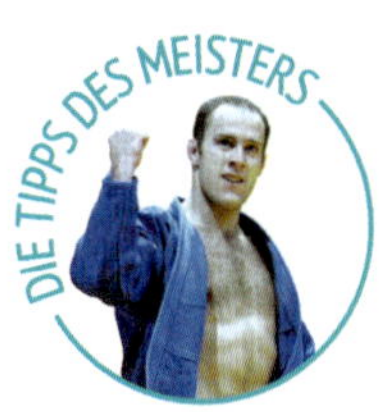

- Morote-seoi-nage ist als die Wunderwaffe der kleinsten Judokas eine sehr beliebte Technik der japanischen und koreanischen Profis.
- Morote-seoi-nage ist vor allem eine Technik zur Brechung des Gleichgewichts und zur Positionierung.
- Um sich das Handgelenk nicht zu verletzen, wird die rechte Hand am Kragen eingedreht, als ob man einen Schraubenzieher halten würde. Das Gleichgewicht muss nach vorne gebrochen werden und nicht nach unten bei der Beugung. Darauf achten, dass der Ellenbogen nicht zu weit nach oben geht, sondern nach unten zeigt.
- Tori positioniert seine linke Hand auf Höhe des Ellenbogens von Uke, nicht zu tief und auch nicht zu hoch. Rechte Hand am Revers von Uke, um ihn zu sich zu ziehen.
- Wenn die Technik korrekt ausgeführt wird, braucht Tori den Partner nicht zu heben, da die Rotationsgeschwindigkeit ausreicht, um die Bewegung in Gang zu setzen.

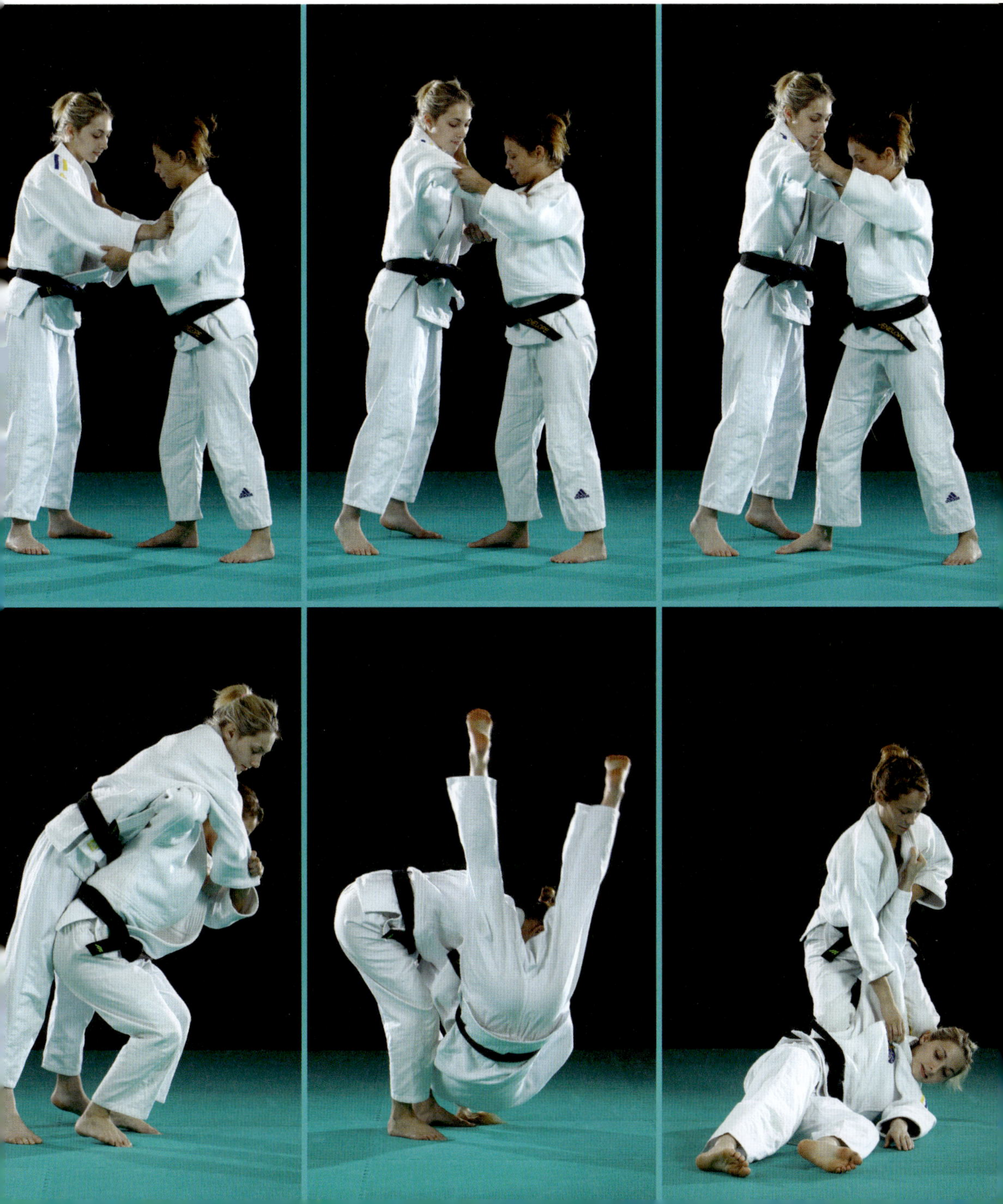

Eri-seoi-nage

Kragenschulterwurf

AB

AKTION

- Tori hält mit seiner linken Hand den rechten Ärmel von Uke und mit seiner rechten Hand das rechte Revers von Uke.
- Tori setzt seinen rechten Fuß vor den von Uke und bricht dessen Gleichgewicht durch Abwinkeln seiner Ellenbogen. Dadurch kann er den rechten Arm von Uke öffnen und sein Gleichgewicht nach oben und vorne brechen.
- Tori positioniert seinen rechten Arm unter der rechten Achsel von Uke. Die Bewegung wird nach der vollständigen Drehung vollendet. Der Wurf wird durch die Streckung der Beine und die Drehung des Kopfes sowie der Schultern und des Rumpfes ausgelöst.
- Uke wird über die rechte Schulter von Tori geworfen.

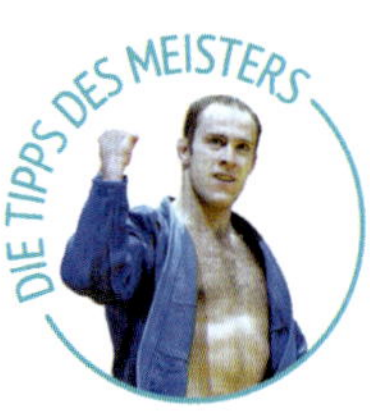

- Die Kraft der beiden Hände kommt von der gleichen Seite und leitet den Partner.
- Man kann das rechte Bein weit zwischen die Beine von Uke schieben, um unter den Partner zu gleiten. Der Rumpf muss ganz gerade sein und das Becken parallel zu dem von Uke stehen.
- Die Blockierung muss im Wesentlichen am rechten Arm von Uke erfolgen, stets mit einem sehr hohen Gleichgewichtsbruch, oberhalb der Schulter.
- Eri-seoi-nage ist eine bei Wettkämpfen sehr häufig angewendete Technik, da es sich um eine sehr erfolgreiche Bewegung handelt. Ideal, um auf einfache Weise den Partner zu destabilisieren und problemlos die nächste Technik anzusetzen.

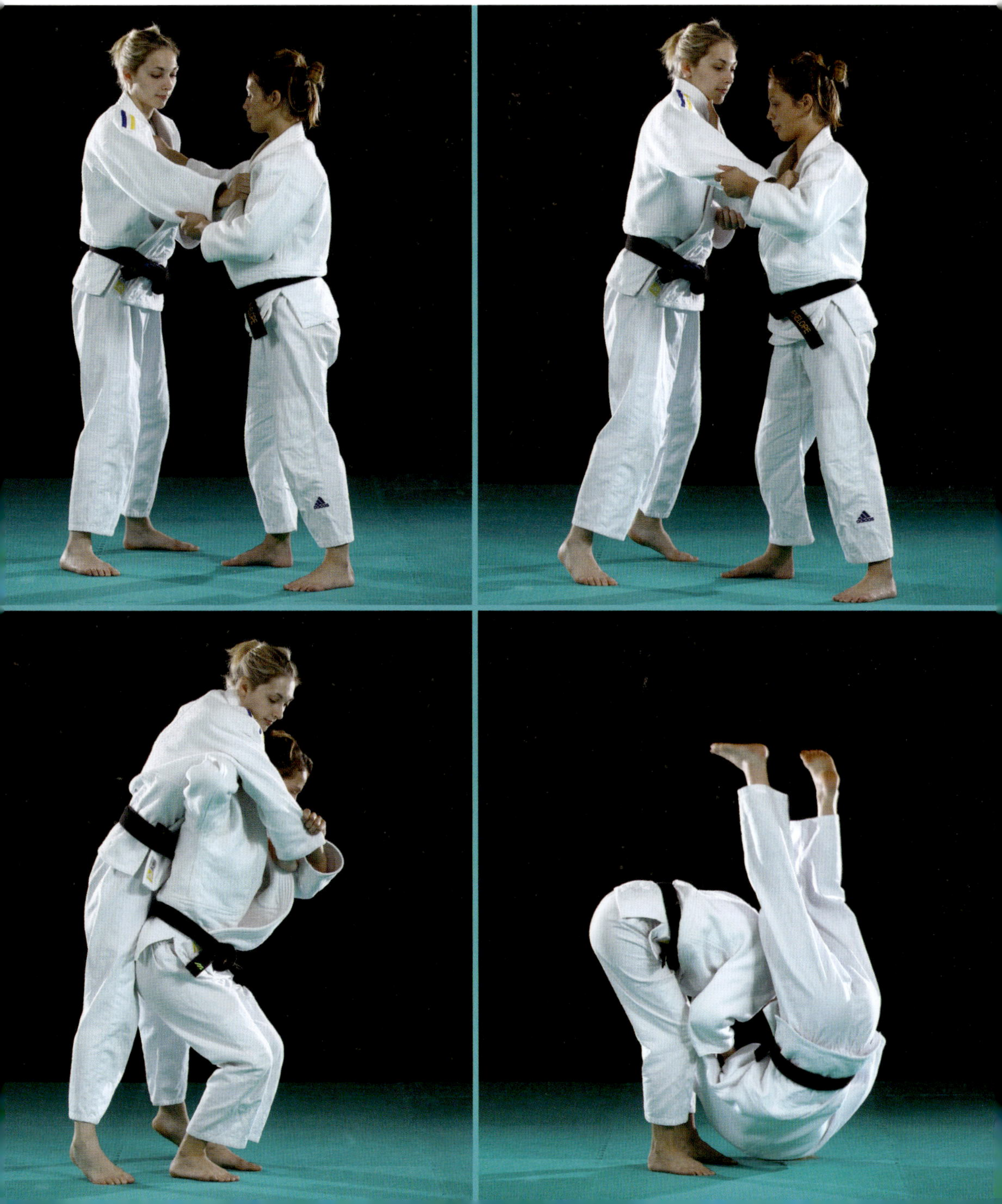

Ippon-seoi-nage

Punkt-Schulterwurf

AB

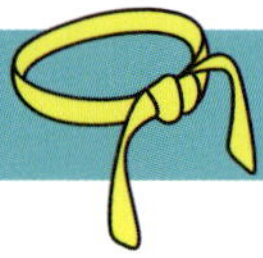

AKTION

- Tori breitet durch das Versetzen seines rechten Fußes vor den rechten Fuß von Uke seine Arme aus und zieht nach oben und vorne.
- Tori dreht sich und lässt den Kragen los. Tori platziert seinen rechten Ellenbogen in die rechte Achselhöhle von Uke.
- Bei der Drehung geht Tori mit den Beinen in eine Beugung und verlagert dabei seinen Schwerpunkt unter den seines Partners. Ukes Brust berührt dabei die Schultern von Tori.
- Der rechte Arm von Tori übt unter der Achsel von Uke Druck nach oben aus, während der linke Arm am Ärmel nach unten zieht. Die beiden Standbeine stehen parallel zueinander, schulterbreit geöffnet.
- Tori wirft Uke über seine Schulter, indem er sich auf seine Beine stützt und Kopf und Rumpf nach links dreht.

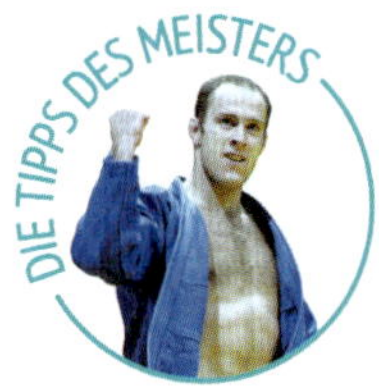

- Man muss stets darauf achten, einen Reserveabstand für den Gleichgewichtsbruch zu bewahren.
- Die Beugung erfolgt an den Beinen und nicht am Rumpf.
- Der Blick muss sich weit nach vorne richten, um nicht mit dem Gesäß zu schieben.
- Es ist besser, diese Technik nicht auf den Knien auszuführen, da es ihnen schaden könnte!
- Diese Judotechnik kommt im Wettkampf sehr häufig vor.

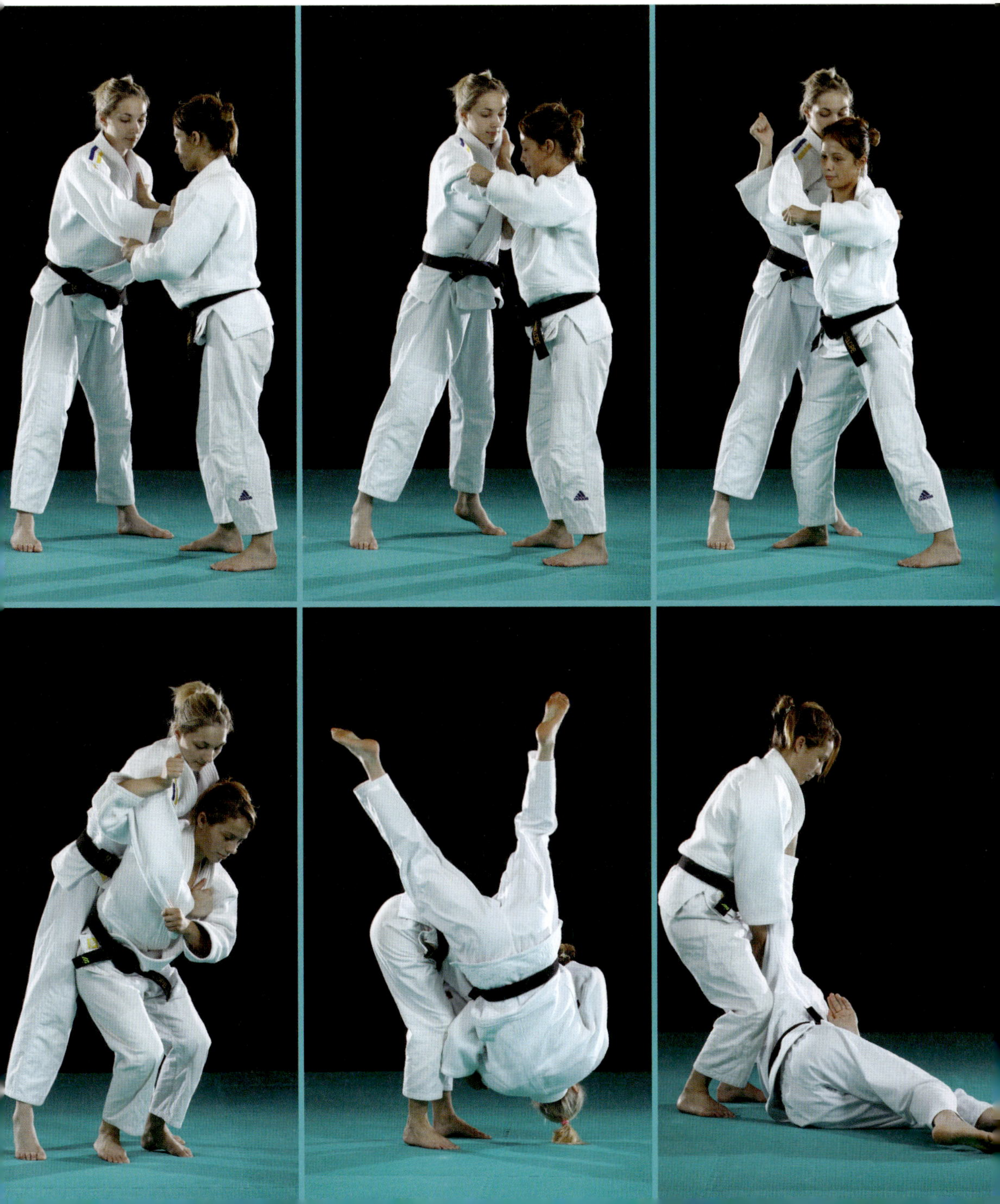

Taï-otoshi

Körperwurf

AB

AKTION

- Tori platziert seinen linken Fuß vor dem rechten Fuß von Uke. Das vordere Standbein kann so das Gleichgewicht brechen durch Ziehen nach vorne und nach oben.
- Tori stellt seinen rechten Fuß hinter seinen linken, wobei er mit dem Körper nach oben geht, bevor er wieder hinunterkommt und mit dem linken Bein sperrt.
- Den linken Ellenbogen schiebt er unter die rechte Achsel von Uke.
- Toris »L-Position« schafft Raum vor Uke.
- Tori stellt seinen linken Fuß an die Vorderseite von Ukes Fuß, das Knie zeigt zur Matte.
- Tori dreht seinen Körper weiter ein und konzentriert sich besonders auf die Innendrehung des linken Beins, des Kopfes und des Beckens sowie des Rumpfs.

Mit dem rechten Arm zieht er nun nach vorne und nach unten. Der linke Arm schiebt unter der Achsel.

DIE TIPPS DES MEISTERS

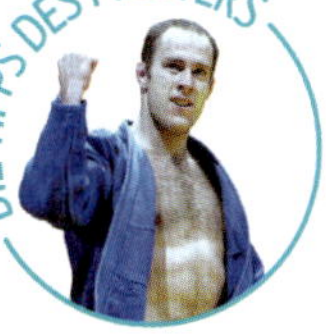

- Taï-otoshi ist ein Wurf für Technikexperten. Die Hebe-/Senkphase strukturiert die Technik mit einer Beschleunigung bei der Sperre des Beins.
- Der linke Ellenbogen darf nicht in der Luft hängen, sondern unter der Achsel positioniert werden für mehr Kraft beim Gleichgewichtsbrechen.
- Der linke Fuß muss bei der Sperre an der Vorderseite des Fußes positioniert sein; Zehen und Bein sind nach innen gedreht.
- Toris Gewicht ist gleichmäßig auf jedes Standbein verteilt.

2 HAND- UND ARMWÜRFE: Te-waza

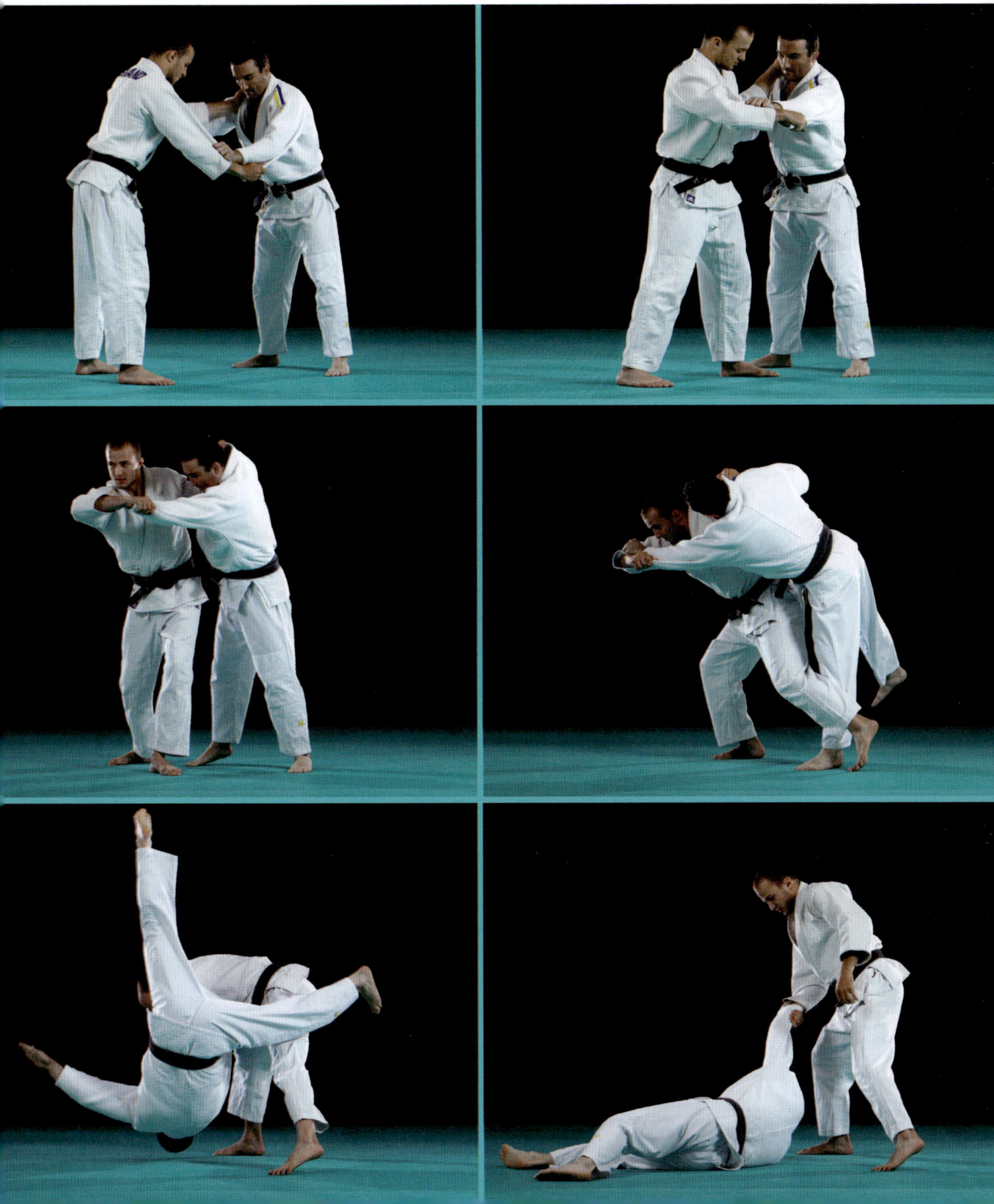

Sukui-nage

Körperwurf

AB 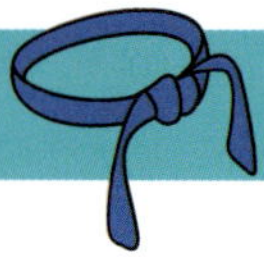

AKTION

- Im Wettkampf darf diese Technik nicht mehr im direkten Angriff angewendet werden, sondern in der Folge auf einen Angriffs, wie O-soto-gari.
- Im normalen Rechtsgriff setzt Uke ein O-soto-gari auf dem rechten Bein an.
- Tori geht mit seinem rechten Bein zurück, um sich zu verteidigen.
- Tori greift mit seiner rechten Hand das rechte Bein.
- Tori verlagert das Gewicht des linken Standbeins auf seine linke Seite, um Ukes Gleichgewicht zu brechen. Die linke Hand schiebt den Ärmel nach hinten und nach unten, die rechte Hand hebt das Bein hoch.

DIE TIPPS DES MEISTERS

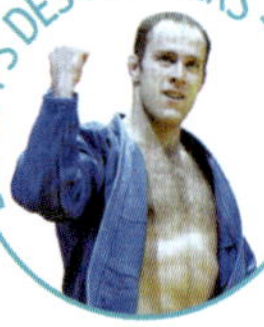

- Die neuen Wettkampfregeln verbieten direkte Beinangriffe.
- Es gibt verschiedene Arten für die Ausführung von Sukui-nage – der Oberschenkel kann innen oder außen gegriffen werden.
- Man sollte nicht versuchen, Uke hochzuheben, sondern ihn von der Seite des eingehängten Beins aus in den Gleichgewichtsbruch schieben.

2 HAND- UND ARMWÜRFE: Te-waza

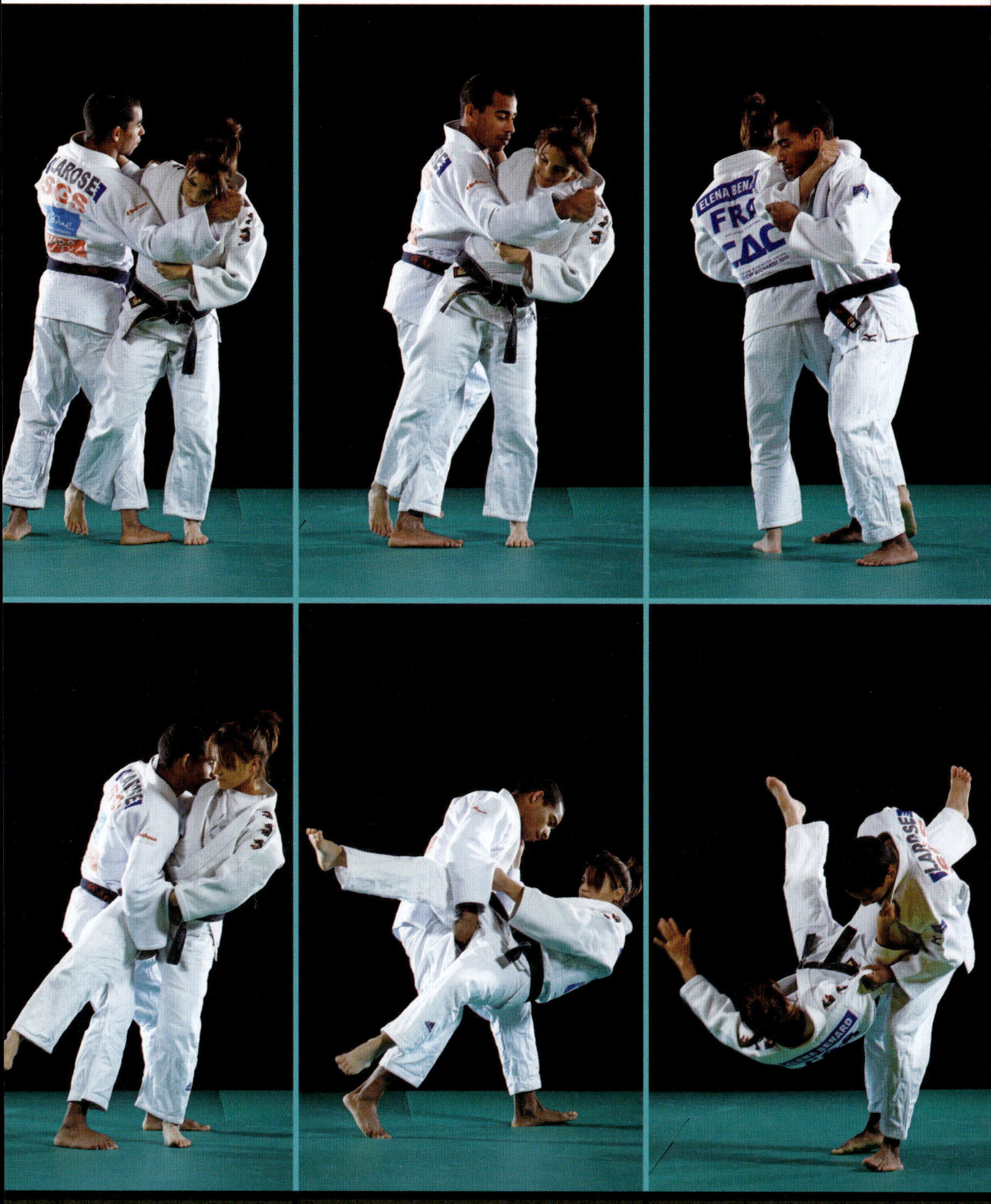

Te-guruma

Handrad

AB

AKTION

Da direkte Beinangriffe im Wettkampf verboten sind, muss Te-guruma in der Folge nach einem Angriff des Partners, wie z. B. Ippon-seoi-nage, Haraï-goshi, O-soto-gari oder Uchi-mata, angewendet werden.

- Uke setzt ein Haraï-goshi an, Tori blockt den Angriff ab und verlagert sein Gewicht auf sein linkes Bein, sein rechtes Bein ist gestreckt.
- Tori blockiert den Angriff mit seinem rechten Arm an der Brust von Uke. Mit seinem linken Arm fasst er von hinten zwischen die Beine von Uke und greift dessen rechtes Bein.
- Tori fixiert Uke mit gestreckten Beinen an sich. Durch die Einwirkung seiner beiden Hände und das Kippen des Rumpfes nach hinten hebt Tori Uke aus.
- Tori wirft Ukes Oberkörper zu Boden, indem er mit der Hand am Revers zieht.

DIE TIPPS DES MEISTERS

- Diese Konter-Technik erfordert viel Energie. Um ein Te-guruma erfolgreich ausführen zu können, braucht man einen muskulösen Rücken und kräftige Beine.
- Zur effektiven Umsetzung von Te-guruma fixiert Tori Uke fest an sich.
- Tori bleibt stets in einer ausreichend geraden Position, um Uke zu schieben und anzuheben.
- Tori hebt Uke oberhalb seines Beckens aus und wirft ihn auf die Matte.

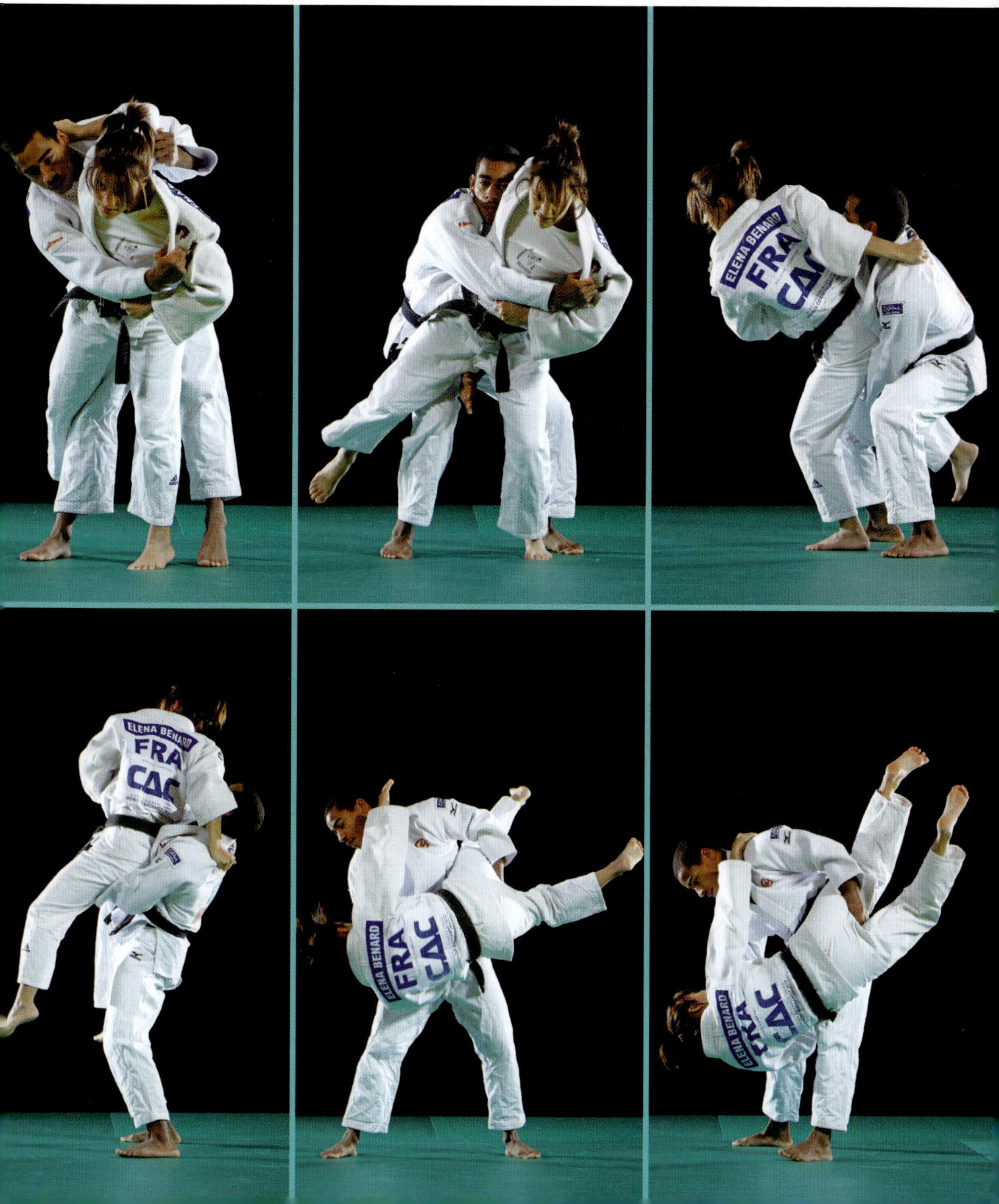
ELENA BENARD
FRA
CAC

Kata-guruma

Schulterrad

AB

AKTION

- Tori macht einen Ausfallschritt nach links. Seine linke Hand sitzt auf Höhe des Ellenbogens bzw. am Trizeps. Sie zieht nach oben und nach vorne.
- Tori geht mit seinem rechten Bein zwischen Ukes Standbeine. Er positioniert seinen rechten Arm an die Innenseite des rechten Oberschenkels von Uke und schiebt seinen Kopf unter der rechten Achsel seines Partners hindurch.
- Tori streckt die Beine durch. Sein Körper ist gerade, seine linke Hand zieht den rechten Arm von Uke nach unten und blockiert ihn auf seinen Schultern.
- Tori stößt sich mit den Beinen ab und zieht Uke in das Rad um seine Schultern.
- Achtung, diese Technik ist im Wettkampf verboten, sie gehört aber zur Gruppe der Katas.

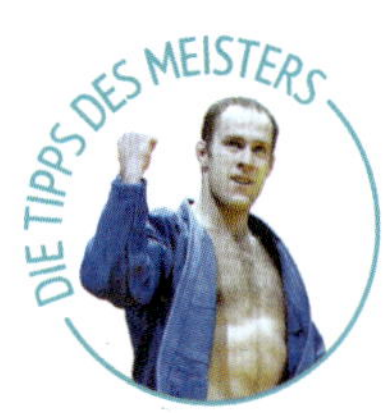

- Mit den neuen Wettkampfregeln neigt Kata-guruma, eine von den osteuropäischen Kämpfern sehr geschätzte Technik, dazu, ganz zu verschwinden.
- Der Körper muss wie bei einem Gewichtheber explosiv platziert werden, der Rücken eine korrekte Position haben.
- Durch die Fixierung des Arms hinter dem Kopf wird Uke wirksam kontrolliert.
- Für ein erfolgreiches Kata-guruma geht Tori mit seinen Standbeinen recht tief in die Knie, um Uke gut ziehen und fixieren zu können.
- Tori setzt die Aktion schnell an.
- Tori muss in der Lage sein, sich mit Uke auf dem Rücken zu erheben, damit Letzterer durch einen Gleichgewichtsbruch zu Boden fällt.

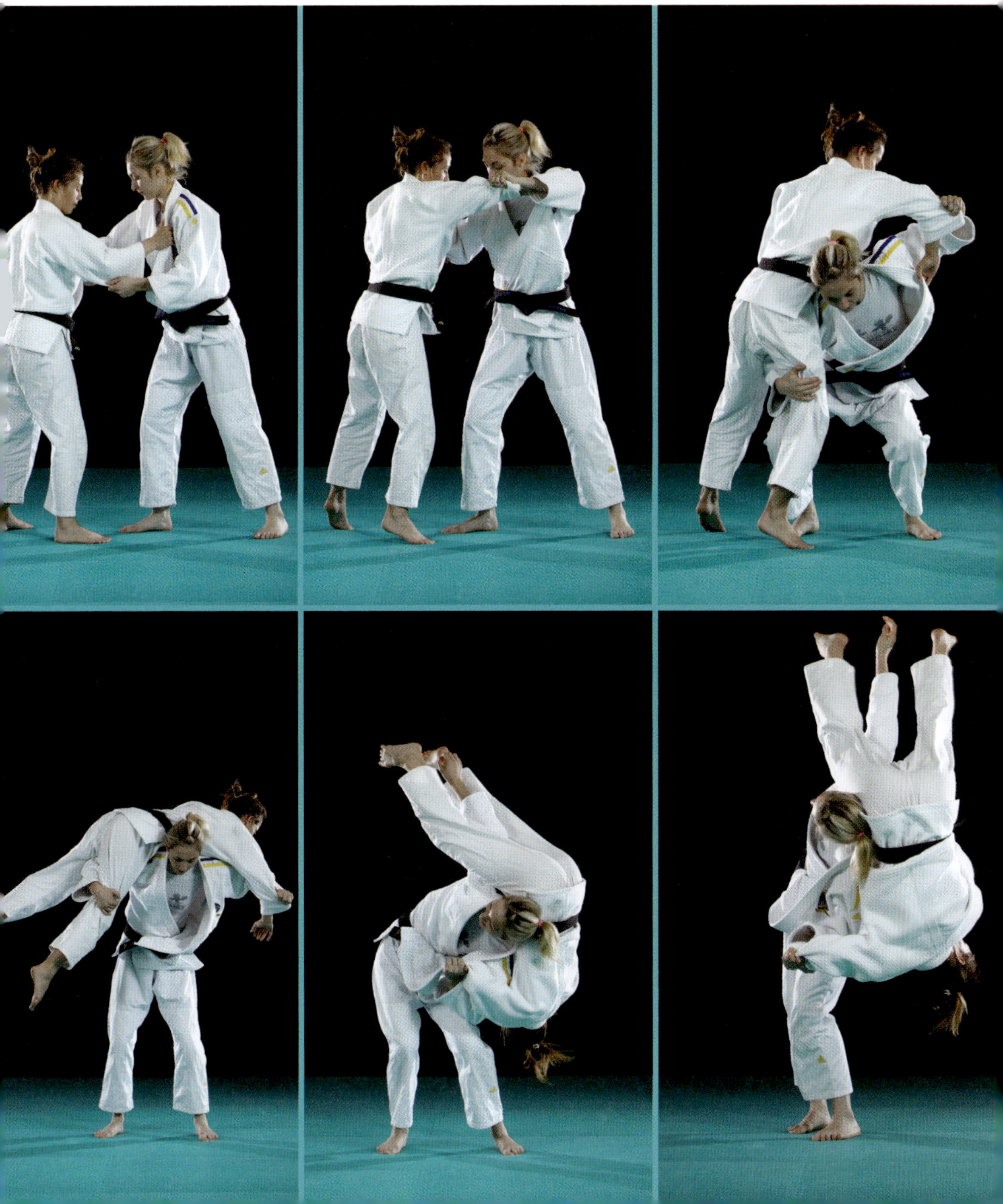

Morote-gari

Beidhandsichel

AKTION

Diese Technik ist im Wettkampf verboten.

- Tori täuscht im normalen Rechtsgriff das Fassen des Judogis vor, stellt seine Standbeine nahe an die von Uke und greift mit beiden Armen die Beine von Uke, wie bei einem Tackling.
- Durch Schieben mit seiner rechten Schulter wirft Tori Uke zu Boden.

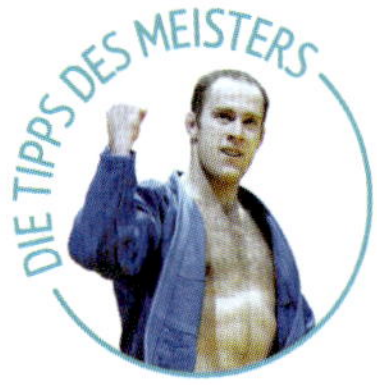

- Morote-gari neigt aufgrund der neuen Wettkampfregeln dazu, zu verschwinden, bleibt aber trotzdem eine Technik des traditionellen Judosports. Diese oft für die Wiedererlangung der Guard-Position benutzte Technik überrascht durch ihre Abruptheit.
- Auch wenn Morote-gari an ein Tackling beim Rugby erinnert, darf man nicht mit gesenktem Kopf nach vorne gehen, sondern mit den Standbeinen und dabei in die Knie gehend.
- Tori muss so tun, als würde er den Judogi von Uke fassen wollen und dann sehr schnell in die Knie gehen und sich mit beiden Händen an Ukes Beinen einhaken.
- Tori beugt seine Beine, um im Oberkörper gerade zu bleiben, und er muss sich schnell wieder aufrichten können.

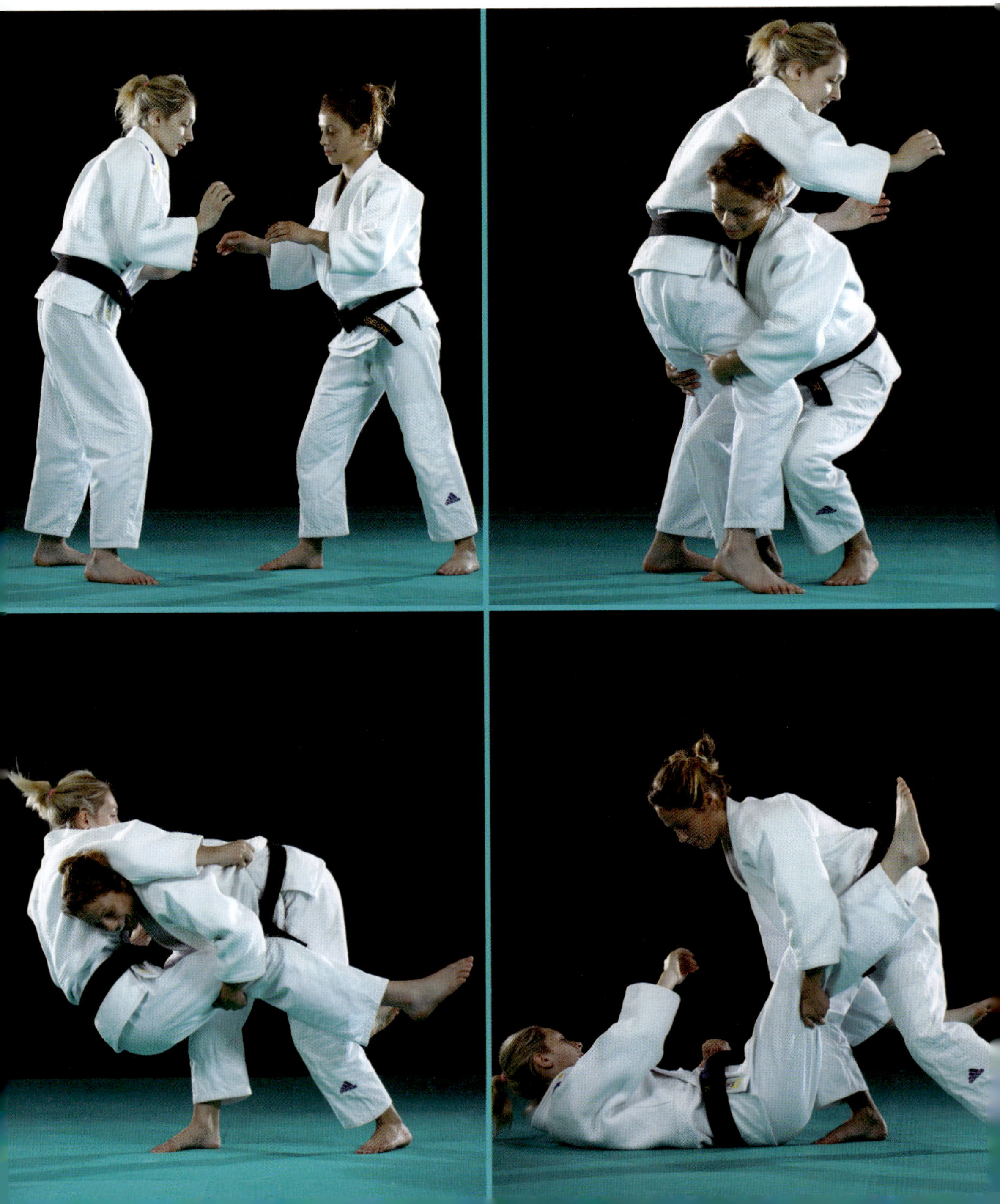

Seite 57

Koshi-waza

3 HÜFTWÜRFE

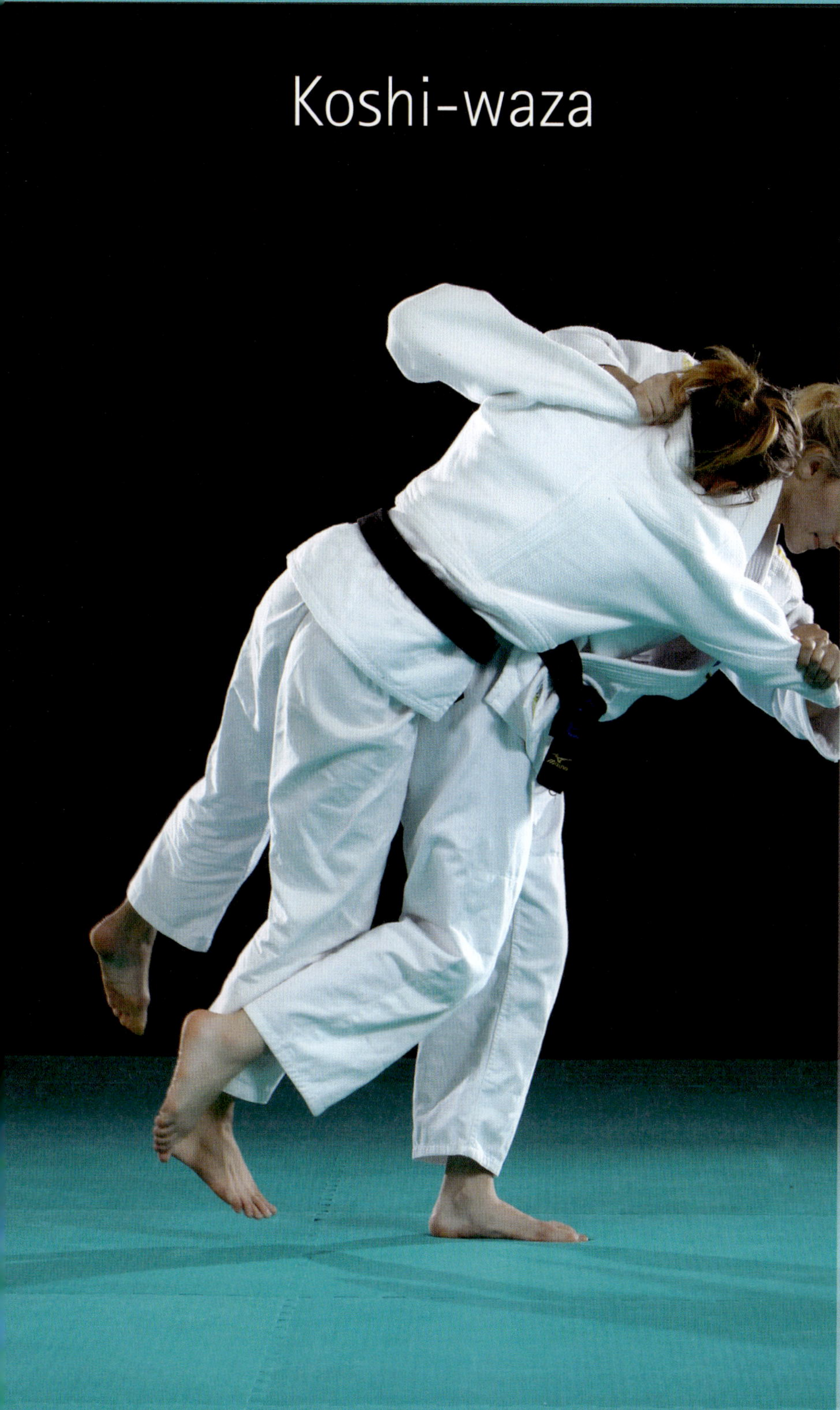

Tsuri-komi-goshi

Hebezughüftwurf

AB 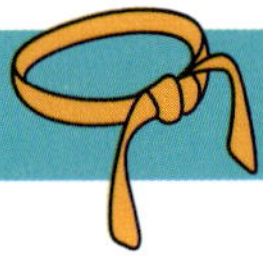

AKTION

- Tori geht mit seinem rechten Fuß vor den von Uke, die Zehen zeigen nach außen.
- Mit der rechten Hand zieht er Uke kräftig nach vorne, während er ihn mit der linken Hand nach oben zieht.
- In einer Drehbewegung setzt Tori seinen linken Fuß vor den von Uke und geht stark in die Knie.
- Der linke Arm von Tori befindet sich unter der Achsel von Uke. Ukes Brust berührt den Rücken von Tori.
- Letzterer stößt sich mit den Beinen ab und führt seinen rechten Arm in Richtung seiner rechten Hüfte.
- Der rechte Arm von Tori schiebt kräftig unter der Achsel.
- Tori wirft Uke über seine rechte Hüfte.

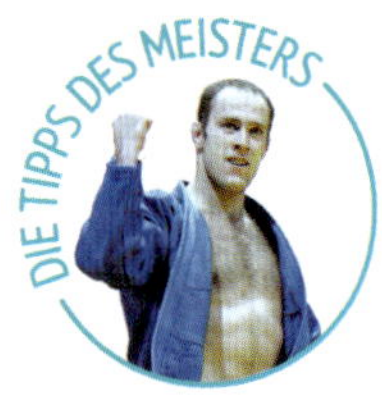

- Wie bei Schulterwürfen ist die Beugung der Beine sehr wichtig.
- Tori muss beim In-die-Knie-gehen darauf achten, ganz gerade zu bleiben und die Brechung des Gleichgewichts mit der rechten Hand an Ukes Hals beizubehalten.
- Tori behält den Arm ausgestreckt und vermeidet, zu sehr mit Uke in Kontakt zu gehen, damit dieser ihm nicht das Gleichgewicht brechen kann.
- Um diese Technik effektiv auszuführen, muss der Judoka stark in den Beinen sein.

3 HÜFTWÜRFE: Koshi-waza

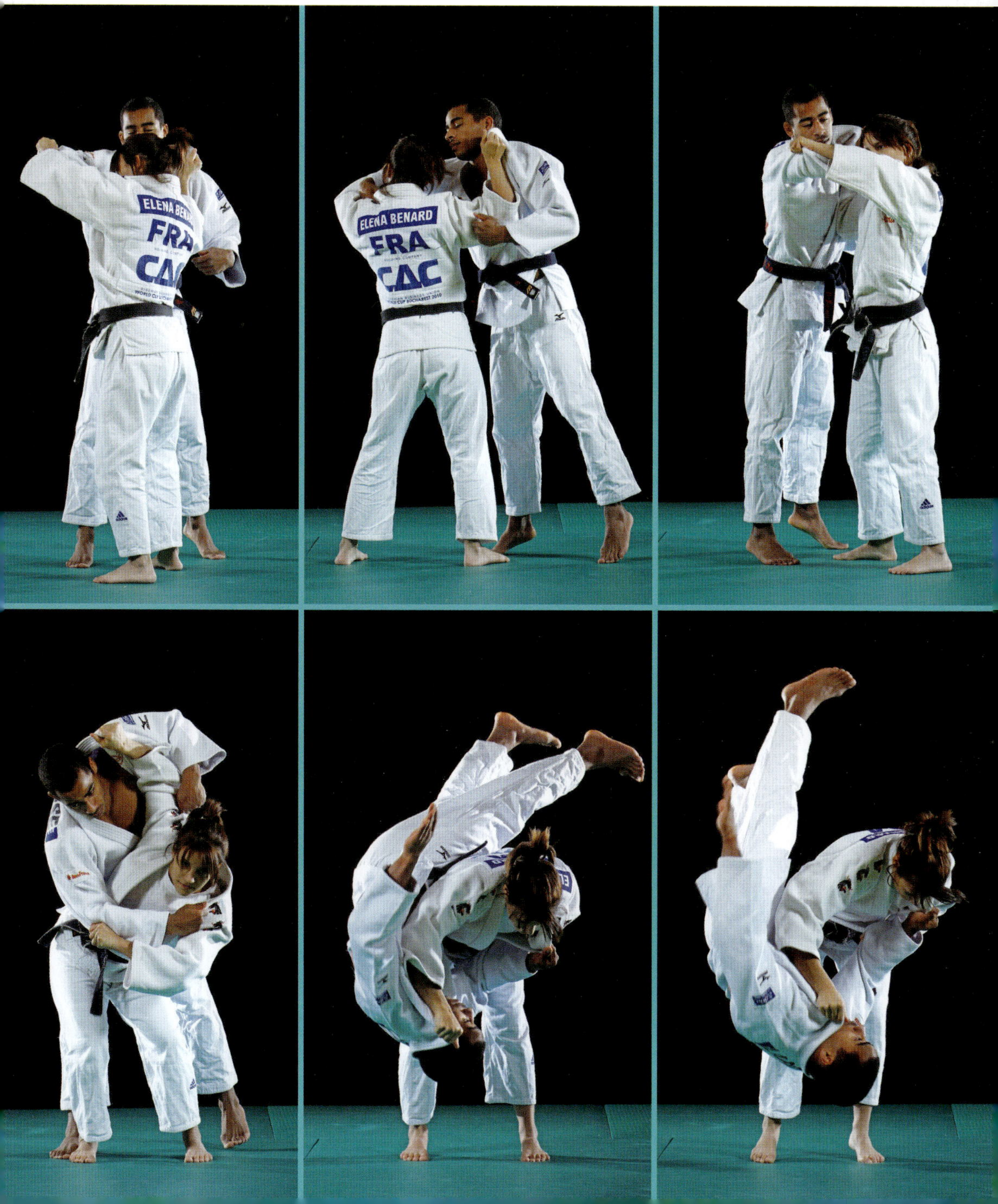

O-goshi

Großer Hüftwurf

AB

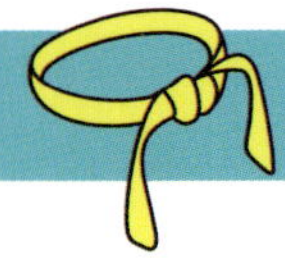

AKTION

- Tori geht mit seinem rechten Fuß vor den rechten Fuß von Uke und zieht waagerecht und nach vorne am Ärmel.
- Unter Beibehaltung des Gleichgewichtsbruchs lässt Tori den Kragen von Uke los und legt seine rechte Hand auf Uke Rücken, indem er diese unter dessen linken Arm hindurchführt, bis zum rechten Schulterblatt von Uke.
- Tori dreht sich auf dem rechten Fuß und zieht seinen linken Fuß nach, bis er mit dem Rücken zu Uke steht. Seine Beine sind gebeugt, sodass sein Schwerpunkt unter dem von Uke liegt. Der Körper ist gerade, und der Blick geht nach vorne.
- Tori stößt sich mit den Beinen ab und wirft Uke so um seine rechte Hüfte zu Boden.

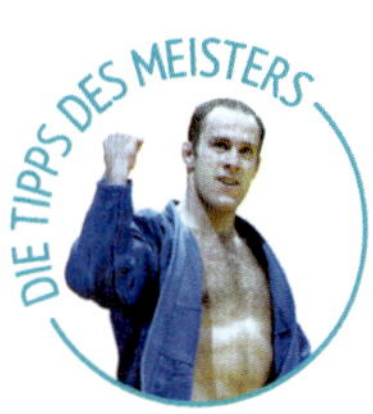

- O-goshi ist eine der ersten Techniken, die gelehrt werden. Mit dieser Technik lernt man, die wesentlichen Bestandteile des Körperwurfes nach vorne zu verstehen.
- Bei diesem Judowurf darf Tori nicht mit Uke zusammenprallen, sondern er muss ihn auf seiner Hüfte mitnehmen. Dabei sind die Beugung der Beine und die gerade Position des Körpers entscheidend.
- Diese Technik erfordert engen Kontakt von Ukes Becken mit Tori und einen Gleichgewichtsbruch des Gegners mithilfe der in den Rücken gelegten Hand.

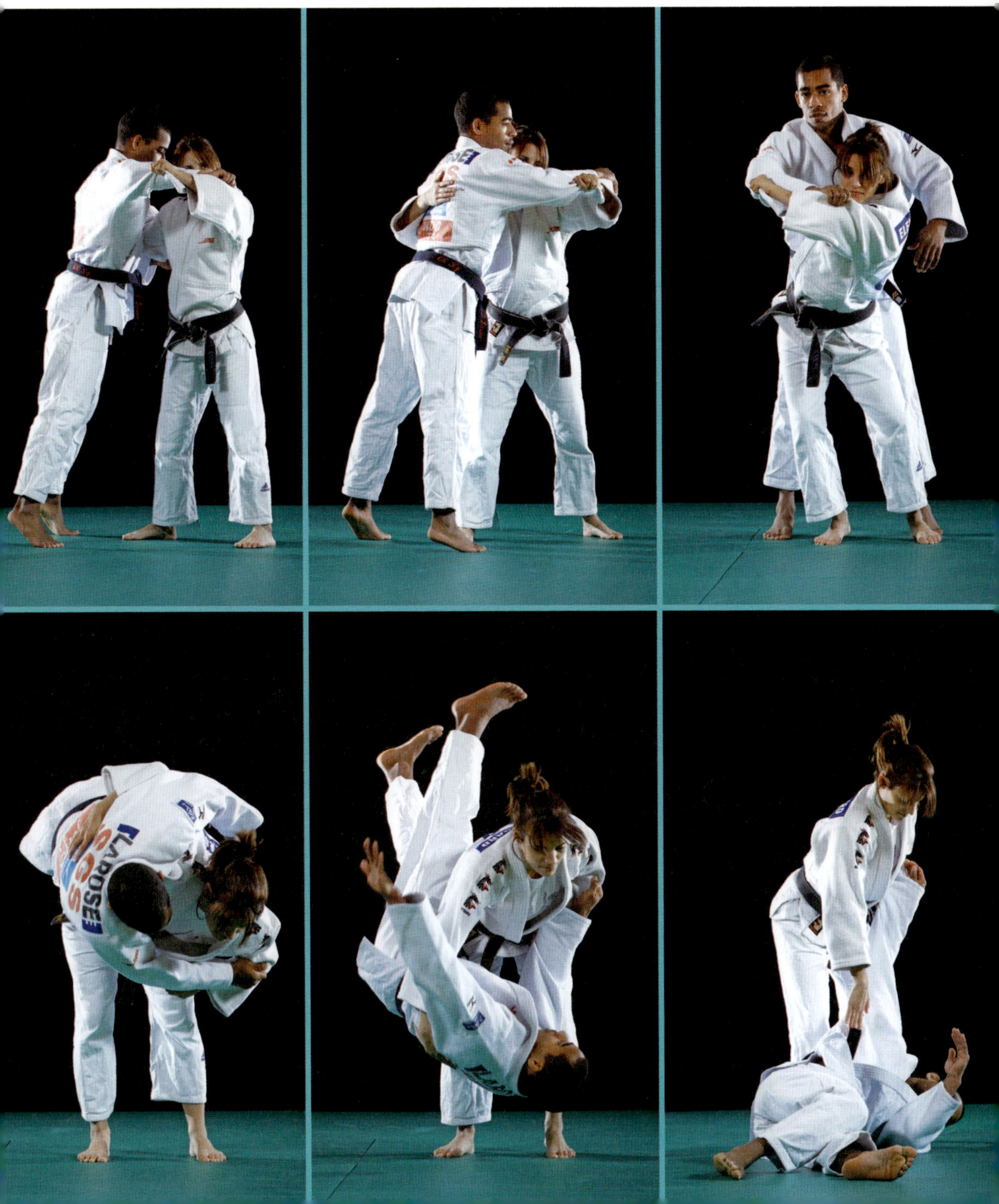

Uki-goshi

Hüftschwungwurf

AB

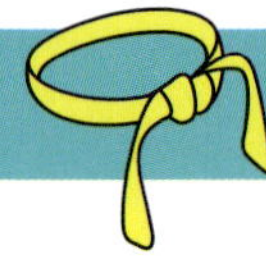

AKTION

- **Tori** geht mit seinem linken Fuß nach innen und vor den von Uke. Er zieht Ukes linken Arm fest nach vorne links.
- Seinen linken Arm schiebt er unter der rechten Achsel von Uke um die Taille herum.
- Tori beugt nicht den Oberkörper und platziert seine Hüfte nah an Ukes Bauch. Die Schultern befinden sich in derselben Ebene.
- In der gleichen Bewegung dreht Tori seinen Körper nach links und setzt seinen rechten Fuß außen neben den von Uke.
- Durch die Fortführung der Bewegung mit den Händen und der Drehung wirft Tori Uke auf die Matte.

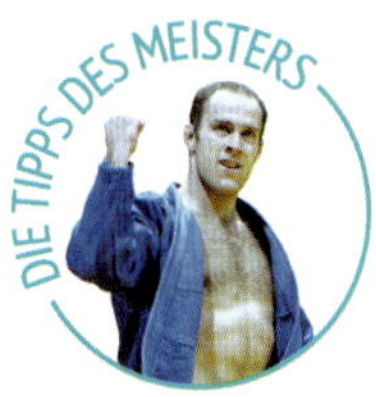

- Im Gegensatz zu O-goshi wird nicht versucht, Uke auszuheben, er muss sich stattdessen um die Hüften drehen.
- Der Kontakt zwischen den beiden Körpern muss sehr eng sein. Um noch enger zu stehen, ist es besser, Ukes Ärmel auf Höhe des Ellenbogens oder sogar darunter zu fassen.

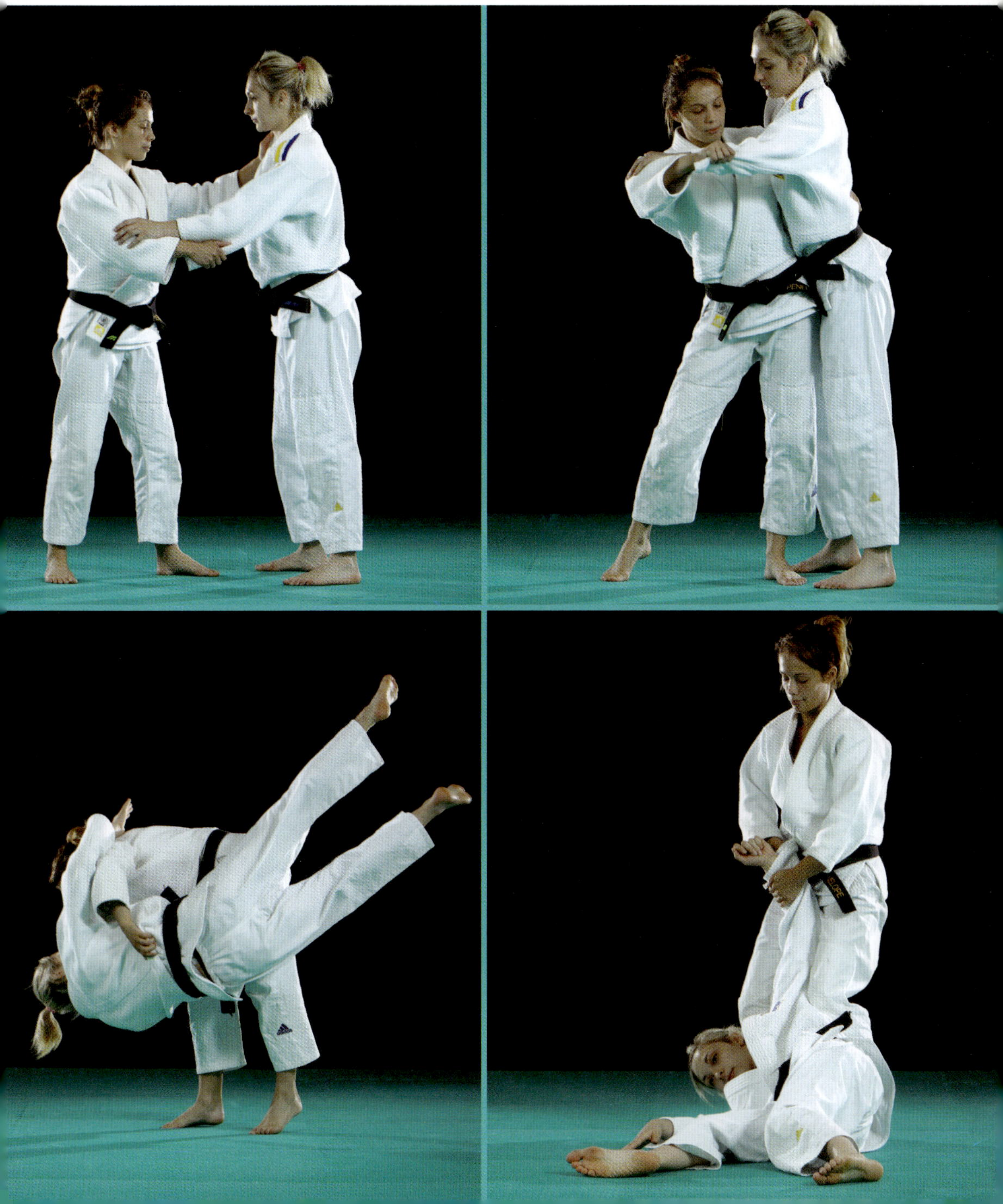

Koshi-guruma

Hüftrad

AB 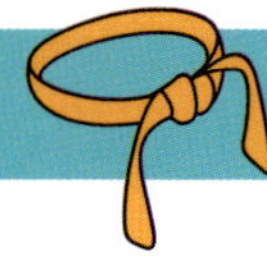

AKTION

- Tori setzt seinen linken Fuß vor den von Uke, die Zehen sind nach außen gedreht.
- Tori bricht Ukes Gleichgewicht vorne, dreht sich, zieht seinen rechten Fuß vor den linken Fuß von Uke und legt seinen linken Arm um den Hals von Uke.
- Tori schiebt seine Hüfte leicht nach außen. Der Kontakt ist eng.
- Tori wirft Uke zu Boden.

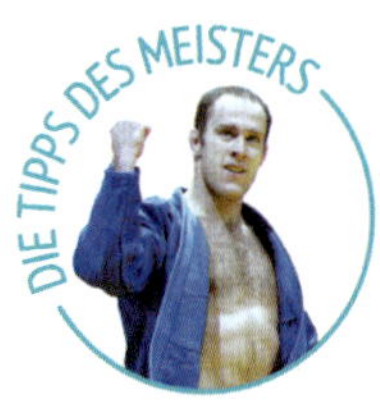

- Ghislain Lemaire war ein Meister dieser Technik. Mit der linken Hand eher am Kragen, als am Ärmel, konnte er den Oberkörper des Partners gut fixieren.
- Für eine korrekte Ausführung von Koshi-guruma ist eine große Drehung des Rumpfes erforderlich.
- Ob die Technik zum Erfolg führt, hängt von Toris Drehbewegung ab. Daher muss Tori sehr schnell sein in der Ausführung und seinen gesamten Körper rasch drehen.
- Toris Hals darf nicht zugedrückt werden.
- Bei den Kindern wird die linke Hand auf dem linken Schulterblatt von Uke positioniert.

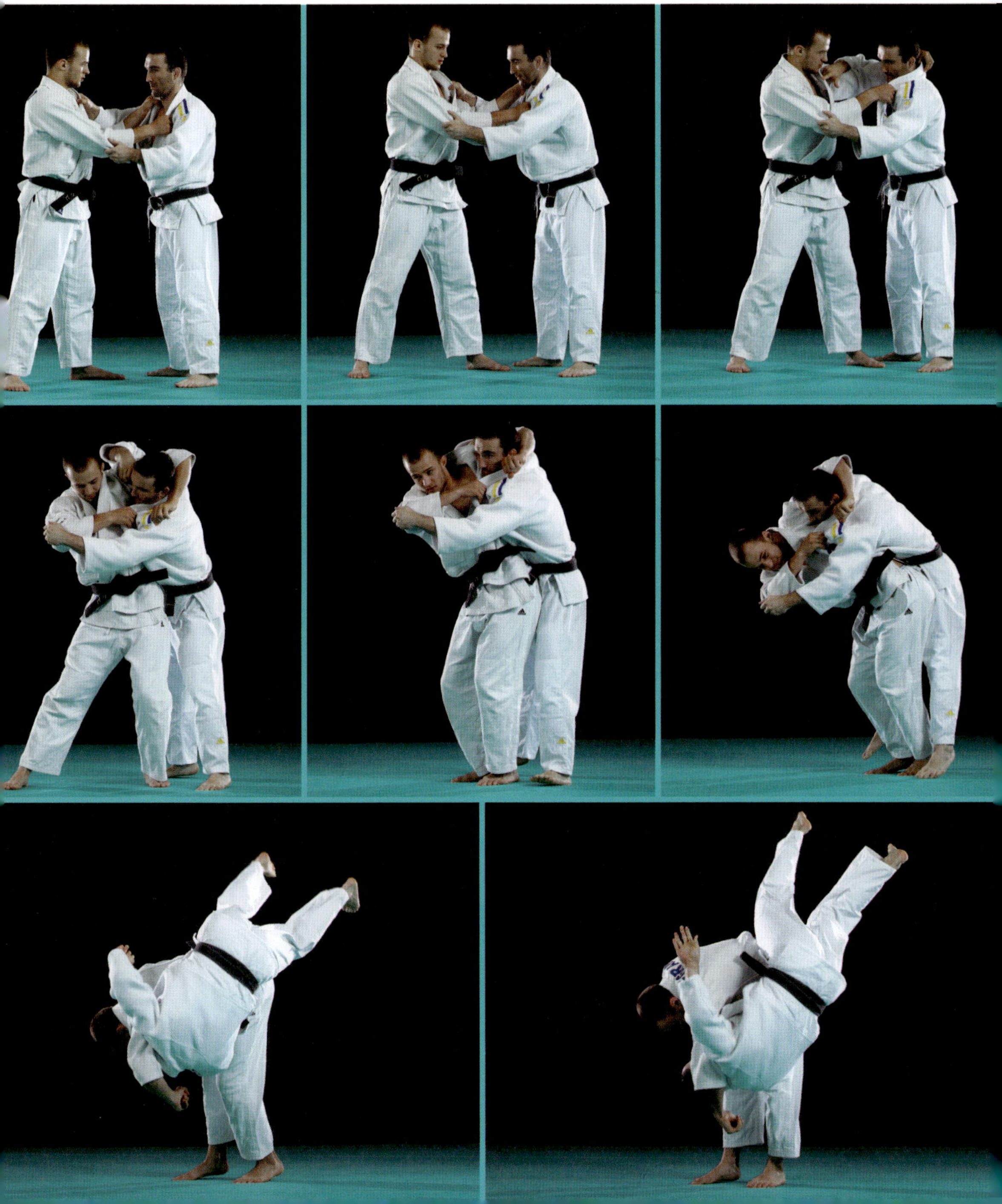

Haraï-goshi

Hüftfeger

AB 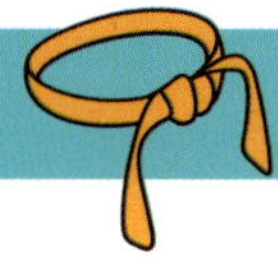

AKTION

- Tori setzt seinen rechten Fuß mittig zwischen die Standbeine von Uke, sodass ein gleichseitiges Dreieck entsteht.
- Mit einem starken Zug am Ärmel bricht Tori Ukes Gleichgewicht gerade nach vorne und stellt Uke auf die Zehenspitzen.
- Er setzt seinen linken Fuß hinter seinen rechten, die Zehen zeigen nach vorne. Der rechte Ellenbogen von Tori befindet sich unter der Achsel von Uke.
- Tori setzt seinen kräftigen Zug am Ärmel in waagerechte Richtung und nach vorne fort. Die rechte Hüfte von Tori berührt den Bauch von Uke.
- Tori fegt mit seinem rechten Bein das Bein von Uke nach vorne weg.
- Das Fegen muss so nah wie möglich am Knöchel erfolgen, die Fußspitze ist gestreckt.

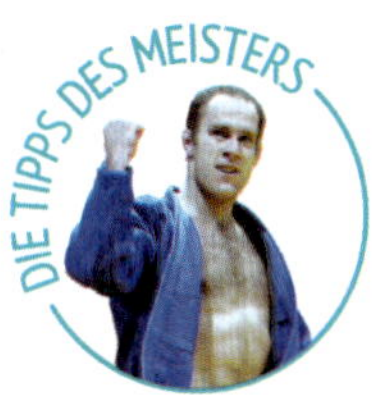

- Um den Gleichgewichtsbruch aufrecht zu erhalten, muss der Oberkörper kräftig mitarbeiten. Der Rücken muss nicht vollständig gedreht werden; eine Dreivierteldrehung reicht aus, damit das fegende Bein seine Wirkung erzielt und unterhalb des Knies bleibt.
- Achten Sie drauf, dass es kein Tritt in den Hintern wird, was dazu führen würde, dass Uke sich entfernt und ein Kontrollverlust verursacht wird.
- Die drei Körperstellen – Kopf/Becken/Knöchel – müssen auf einer Linie sein.

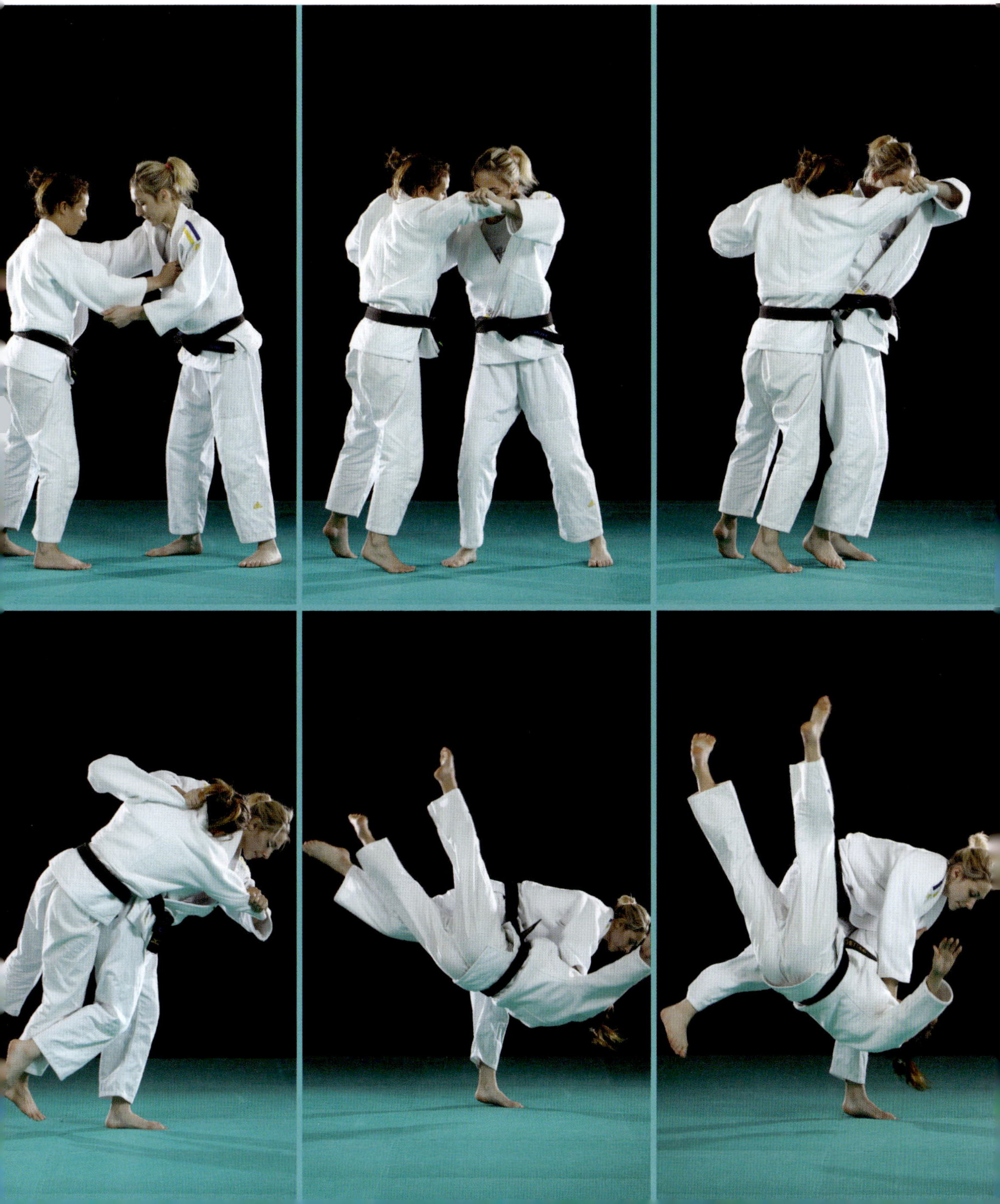

Hane-goshi

Springhüftwurf

AB

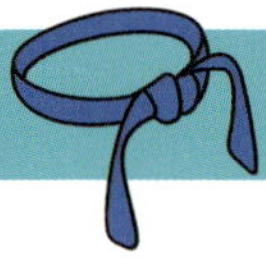

AKTION

- Um mehr Geschwindigkeit und Schlagkraft zu erlangen, steht Tori nur auf einem Standbein.
- Im normalen Rechtsgriff schiebt Tori Uke, damit dieser sein rechtes Bein zurückzieht. In der gleichen Bewegung setzt Tori seinen linken Fuß mit den Zehen in Fallrichtung innen an den rechten Fuß von Uke.
- Durch das Eliminieren der Beine von Uke fixiert Tori den Oberkörper nach oben und nach vorne. Tori befindet sich nun in engem Kontakt zu Uke.
- Toris rechtes Bein drückt das von Uke nach innen weg. Uke liegt nun auf Tori, der seinen Körper nach vorne kippt und Uke zu Boden wirft.

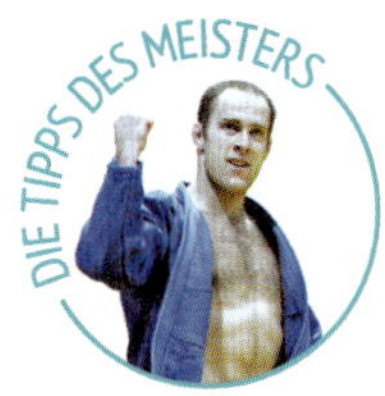

- Diese Technik wird von den älteren Judokas sehr geschätzt und war die Wunderwaffe von Jacques Noris.
- Hane-goshi erfordert Explosivität und Schlagkraft.
- Man darf jedoch nicht mit der Hüfte nach vorne stoßen und den Körper abknicken.
- Eine ausreichende Fixierung des Oberkörpers, um die Beine wegzudrücken, erfordert gute Koordination.

3 HÜFTWÜRFE: Koshi-waza

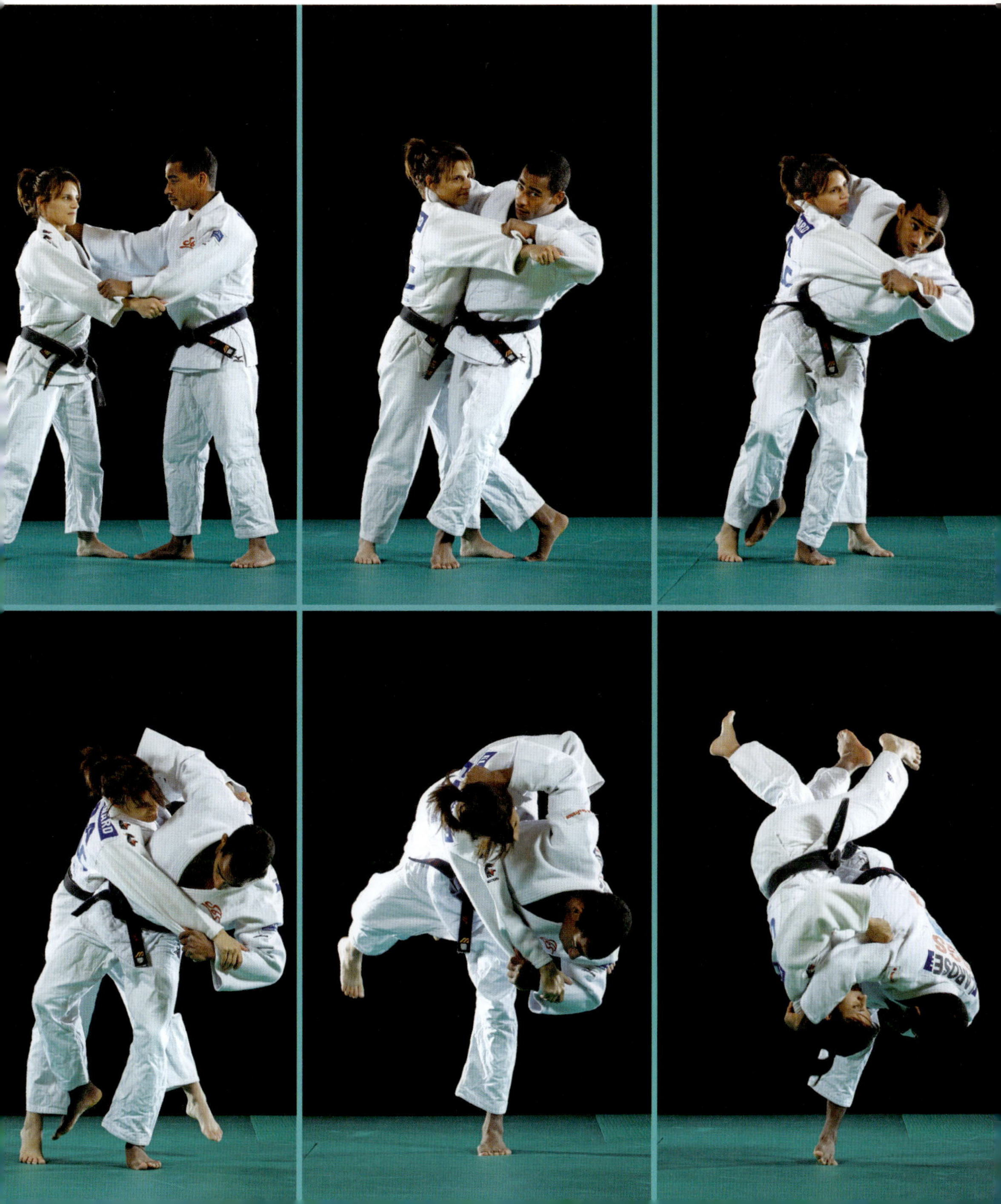

Utsuri-goshi

Wechselhüftwurf

AB

AKTION

- Uke setzt einen Hüftwurf an.
- Tori beugt seine Beine und geht mit seinem rechten Fuß vor. Seinen rechten Arm legt Tori um Ukes Hüften.
- Tori behält eine gerade Köperposition ein und fixiert Uke gegen sich.
- Unter Mitwirkung von Körper und Armen hebt Tori Uke hoch.
- Bevor der Körper von Uke wieder zu Boden fällt, schiebt Tori seinen linken Fuß und seine rechte Hüfte vor Uke.
- Tori wirft Uke über seine Hüfte.

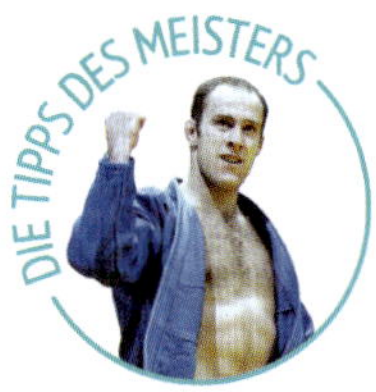

- Wie viele Konteraufnahmen darf diese Technik nicht den Kampfgeist und das Ziel des Angriffs verändern.
- Utsuri-goshi erfordert einen kräftigen Bauch- und Lendenbereich.
- Nicht mit den Armen blockieren, damit Uke nicht offen angreifen kann, sondern mit dem Bauch.
- Vor dem Vorschieben der Hüfte muss Uke sich am höchsten Punkt befinden.

3 HÜFTWÜRFE: Koshi-waza

Seite 71

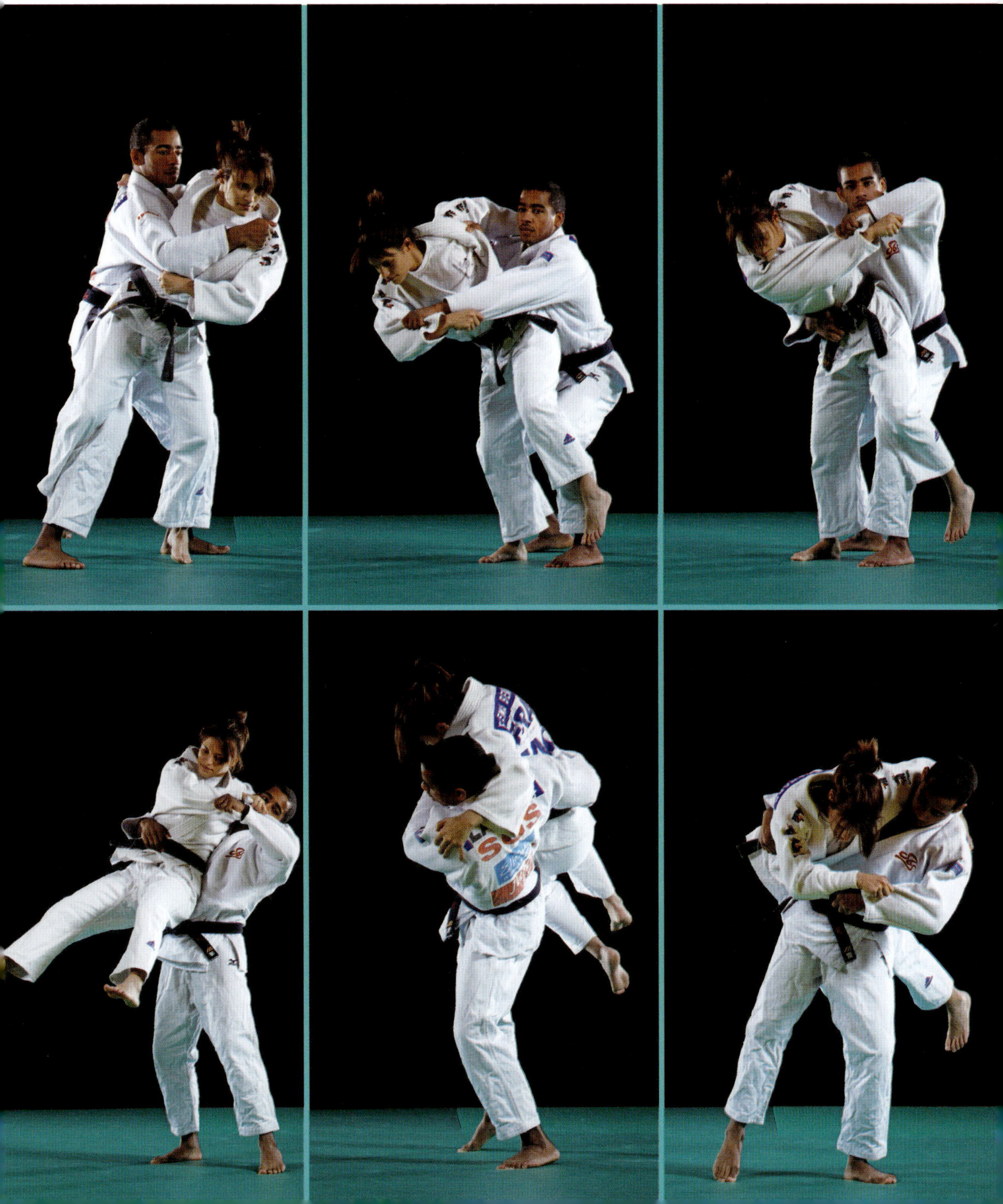

4 OPFERWÜRFE

Sutemi-waza

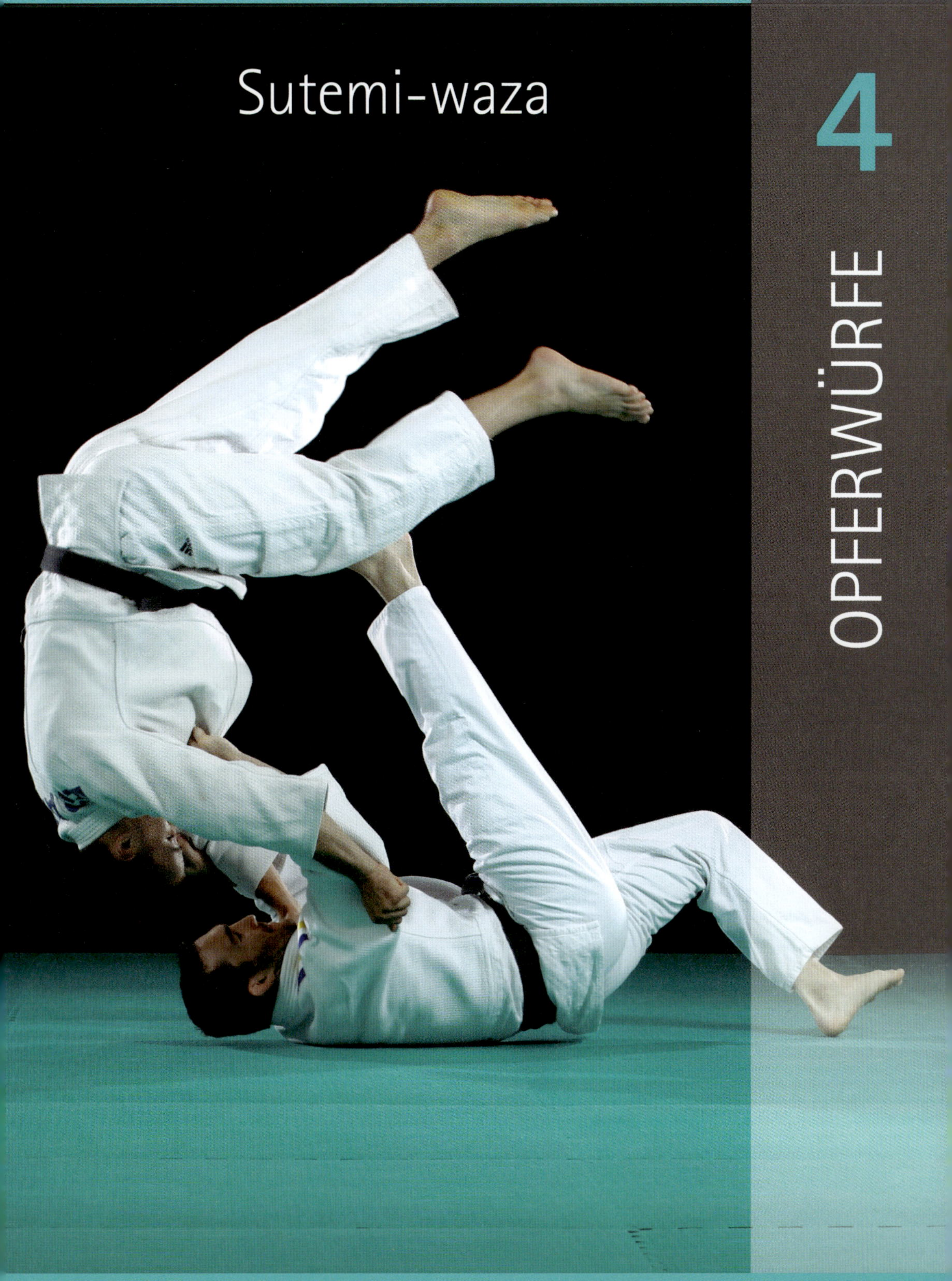

Tomoe-nage

Kopfwurf

AB

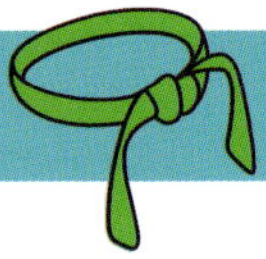

AKTION

- Tori provoziert eine Reaktion von Uke, indem er ihn schiebt.
- Tori winkelt die Arme ab und bricht Ukes Gleichgewicht waagerecht und nach vorne.
- Tori positioniert seinen linken Fuß zwischen Ukes Standbeine.
- Tori lässt sich so nah wie möglich an seiner linken Ferse nieder und legt sich auf den Rücken.
- Seinen rechten Fuß platziert Tori mit gebeugtem Bein auf der Gürtelbindung von Uke. Das Gleichgewicht wird gebrochen, indem Tori Uke über seinen Kopf zieht.
- Tori streckt das Bein aus und wirft Uke in einer Fallübung nach vorne.

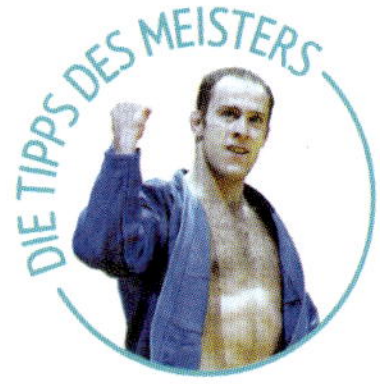

- Tomoe-nage ist eine Technik, von der jeder schon mal gehört hat, da es sich um den bekanntesten Judowurf überhaupt handelt! Es reicht nicht aus, sich dafür auf den Rücken zu werfen. Der Standfuß muss sich zwischen die Beine des Partners schieben.
- Man darf Uke nicht zu sich ziehen, sondern über den Kopf in waagerechter Richtung und nach vorne.
- Das rechte Bein wird idealerweise senkrecht auf Ukes Bauch platziert.
- Das linke Bein muss auf dem Boden abgestützt werden, um den Schwung zu erhöhen.

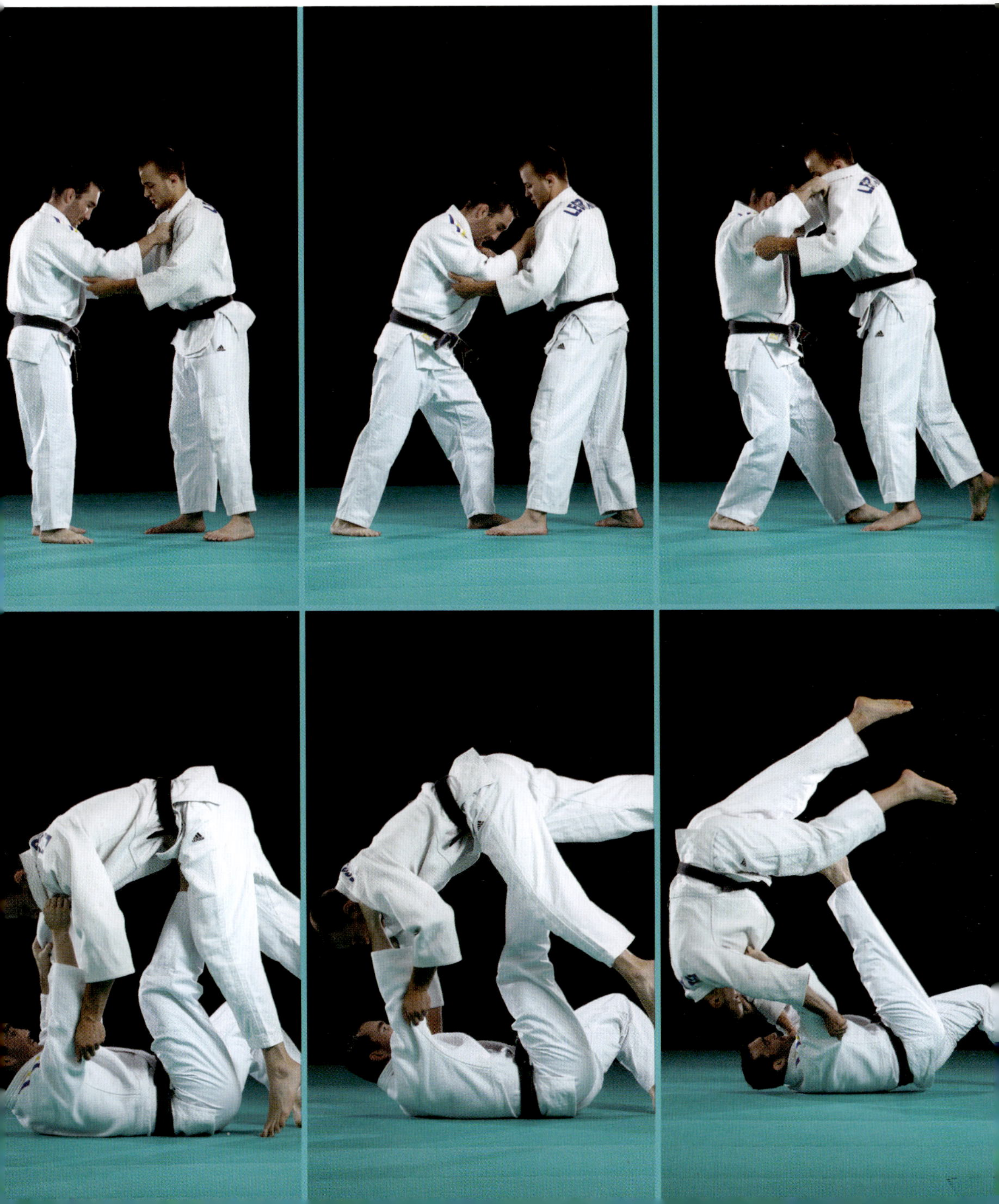

Yoko-tomoe-nage

Seitlicher Kopfwurf

AB

AKTION

- Tori greift den Judogi von Uke und drückt ihn ran, um eine umgekehrte, öffnende Reaktion nach oben und nach rechts zu erreichen.
- Der rechte Arm von Tori öffnet den Ärmel, der linke Arm zieht am Kragen in die gleiche Richtung.
- Der linke, belastete Fuß, das Becken und schließlich der Körper brechen das Gleichgewicht. Tori geht mit seinem Standbein in die Knie und lässt sich so nah wie möglich an seinem linken Fuß nieder, indem er auf der rechten Seite bleibt.
- Tori hebt seinen rechten Fuß an und platziert ihn über der linken Leiste auf Höhe des Gürtels von Uke.
- Ukes Füße verlassen den Boden, Tori bewegt seine Arme (als ob er lenken würde) um sein rechtes Bein herum und beschleunigt den Fall.

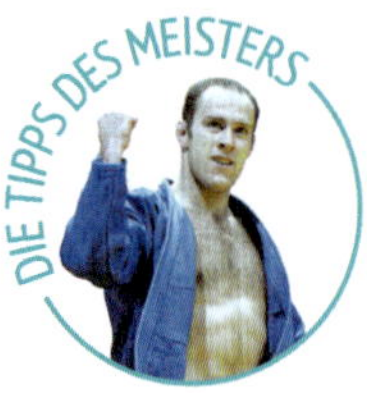

- Dies ist mein Lieblingswurf, meine Spezialtechnik. Mit ihm habe ich viele Siege erzielt, da ich so jeden Gegnertyp zu Fall bringen konnte.
- Der am häufigsten vorkommende Fehler besteht darin, auf dem Rücken zum Liegen zu kommen, statt auf der Seite, wie bei einem Seitwärts-Fall.
- Die linke Schulter von Tori darf den Boden nicht berühren.
- Das Gleichgewicht muss nach oben gebrochen werden, getrennt von Toris Niedersinken.
- Toris Angst (oft unbewusst), auf den Boden zu fallen, führt häufig dazu, dass er seinen Gegner zu sich zieht und Uke randrückt, statt ihn anzuheben.
- Das Bein wird zur Rotationsachse, und die rechte Hand muss die Bewegung rund um diese Achse beschleunigen.
- Dadurch kann ebenso in schneller Abfolge ein Ne-waza angesetzt werden.

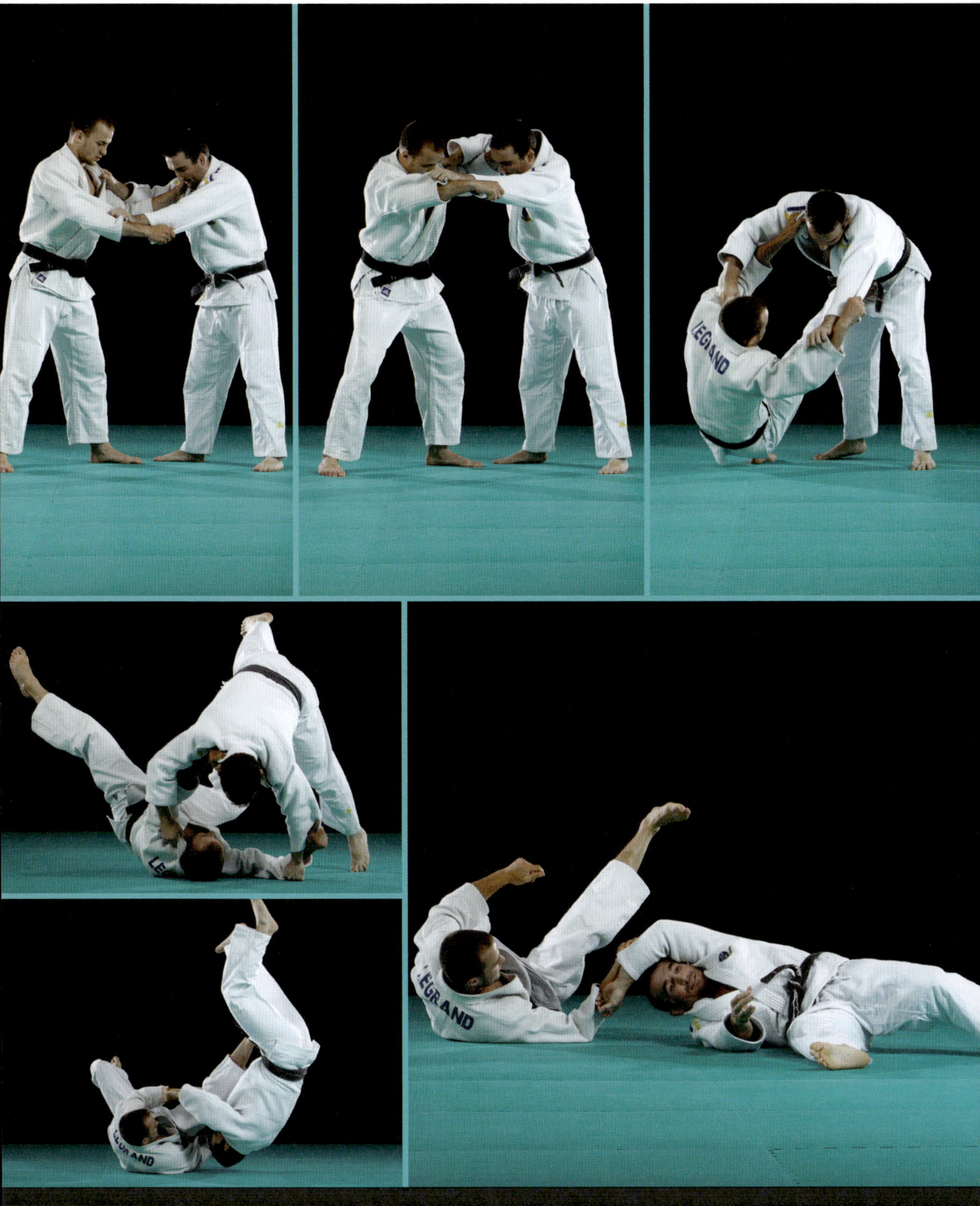

Sumi-gaeshi

Eckenwurf

AB

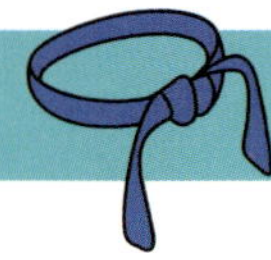

AKTION

- Tori greift mit der linken Hand den Kragen von Uke. Mit seiner rechten Hand fasst Tori weit nach unten an Ukes Rücken (um auf diese Weise maximalen Einfluss auf Uke zu haben).
- Uke ist durch den Druck von Tori leicht abgeknickt.
- Der linke Fuß von Tori nähert sich nun den Standbeinen von Uke, dabei geht er in die Knie.
- Das rechte Bein sowie den oberen Teil seines Oberschenkels positioniert Tori zwischen den Beinen von Uke. Tori legt sich auf den Rücken; er fixiert Uke mit seinem linken Bein und wirft ihn über rechts, indem er mit der Hand im Rücken am Gürtel zieht.
- Uke geht in einer Rolle zu Boden.

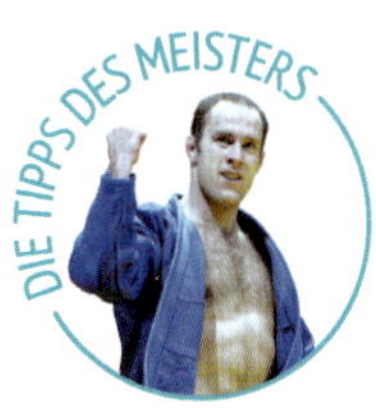

- Sumi-gaeshi ist die »Wunderwaffe« von Mathieu Daffreville.
- Diese Technik ermöglicht eine sehr starke Kontrolle über den Partner, und in der Folge kann sehr schnell eine Bodentechnik angesetzt werden.
- Vorsicht: Eine unzureichende Kontrolle durch Toris Hand in Ukes Rücken – und der Griff kann sich gegen Sie richten!
- Es ist äußerst wichtig, starken Druck auf Ukes Rücken auszuüben, um dessen Kraft zu brechen. Durch die kreisförmige Verschiebung wird das Gleichgewicht noch stärker gebrochen.

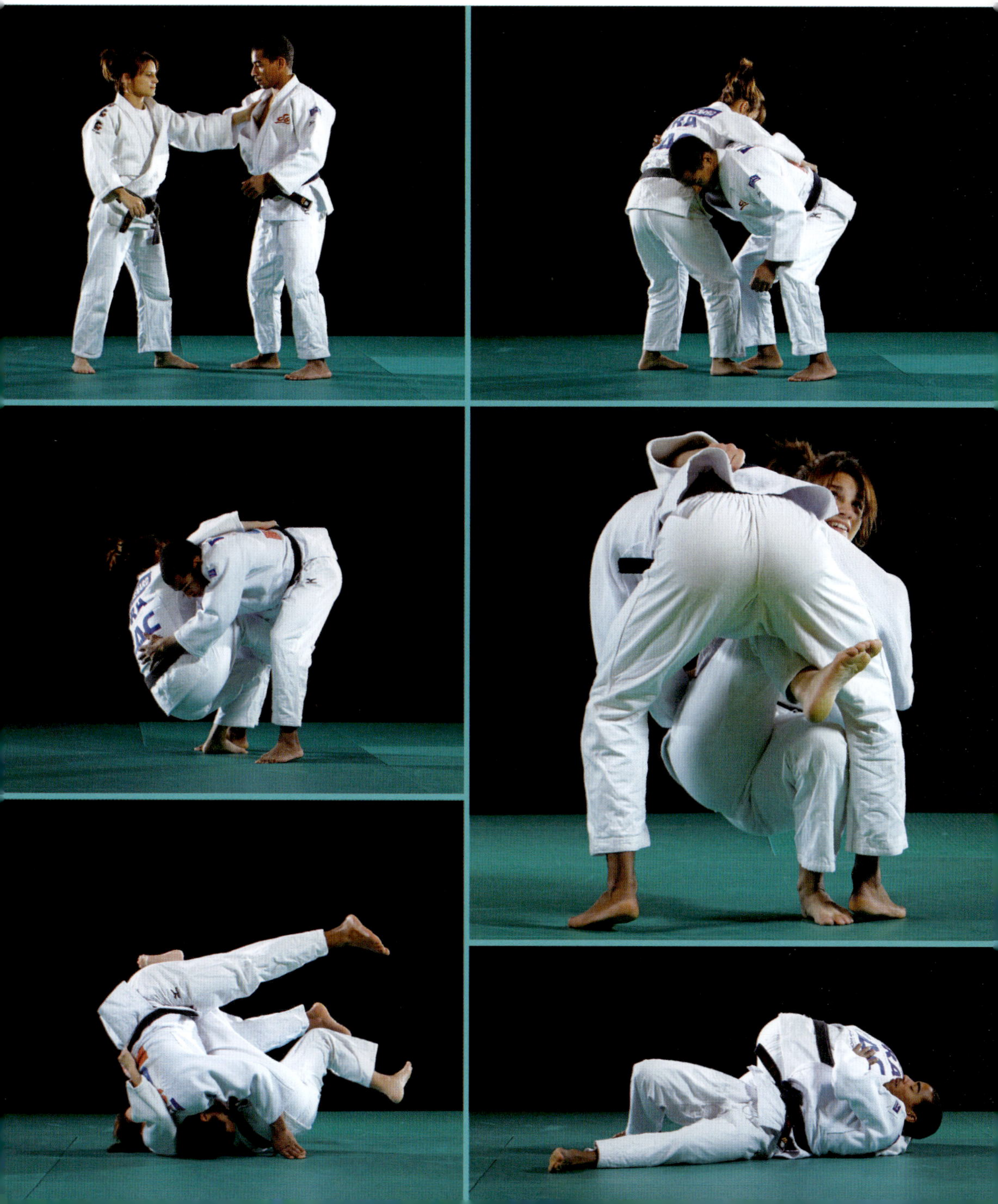

Tani-otoshi

Tallfallzug

AB 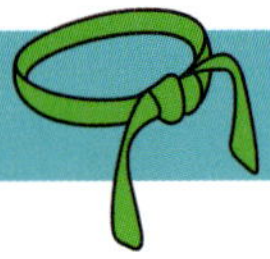

AKTION

- Uke setzt ein Haraï-goshi an.
- Tori geht in die Knie und verschiebt sich an die linke Seite von Uke, um dem Angriff von Uke auszuweichen.
- Tori fixiert den rechten Ärmel von Uke nach unten und nach hinten. Mit seiner rechten Hand fixiert er Uke zu sich und nach unten.
- Tori nimmt seine rechte Schulter zurück und positioniert sich in der gleichen Ebene wie Uke.
- Tori streckt sein linkes Bein als Sperre hinter Ukes Beinen aus.

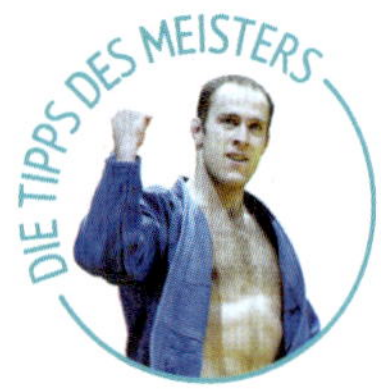

- Diese Technik wird oft als Vorwärts-/Rückwärts-Reaktion angewendet. Die Fixierung des Oberkörpers für Ippon und die Sperre der Beine nehmen Uke jegliches Mittel zur Abwehr. Die beiden Körper müssen sich genau in der gleichen Ebene befinden, da andernfalls ein O-uchi-gari angesetzt werden kann.
- Es handelt sich um einen häufig angewendeten Konter, da er recht leicht umzusetzen ist.
- Tori orientiert sich nicht schnell in Richtung Boden, sondern kontrolliert Uke ganz im Gegenteil dazu durch den körperlichen Kontakt und durch den Konter in seiner Aktion.
- Tori fixiert Uke auf seinen Standbeinen, als ob er ihn hinsetzen wollte.

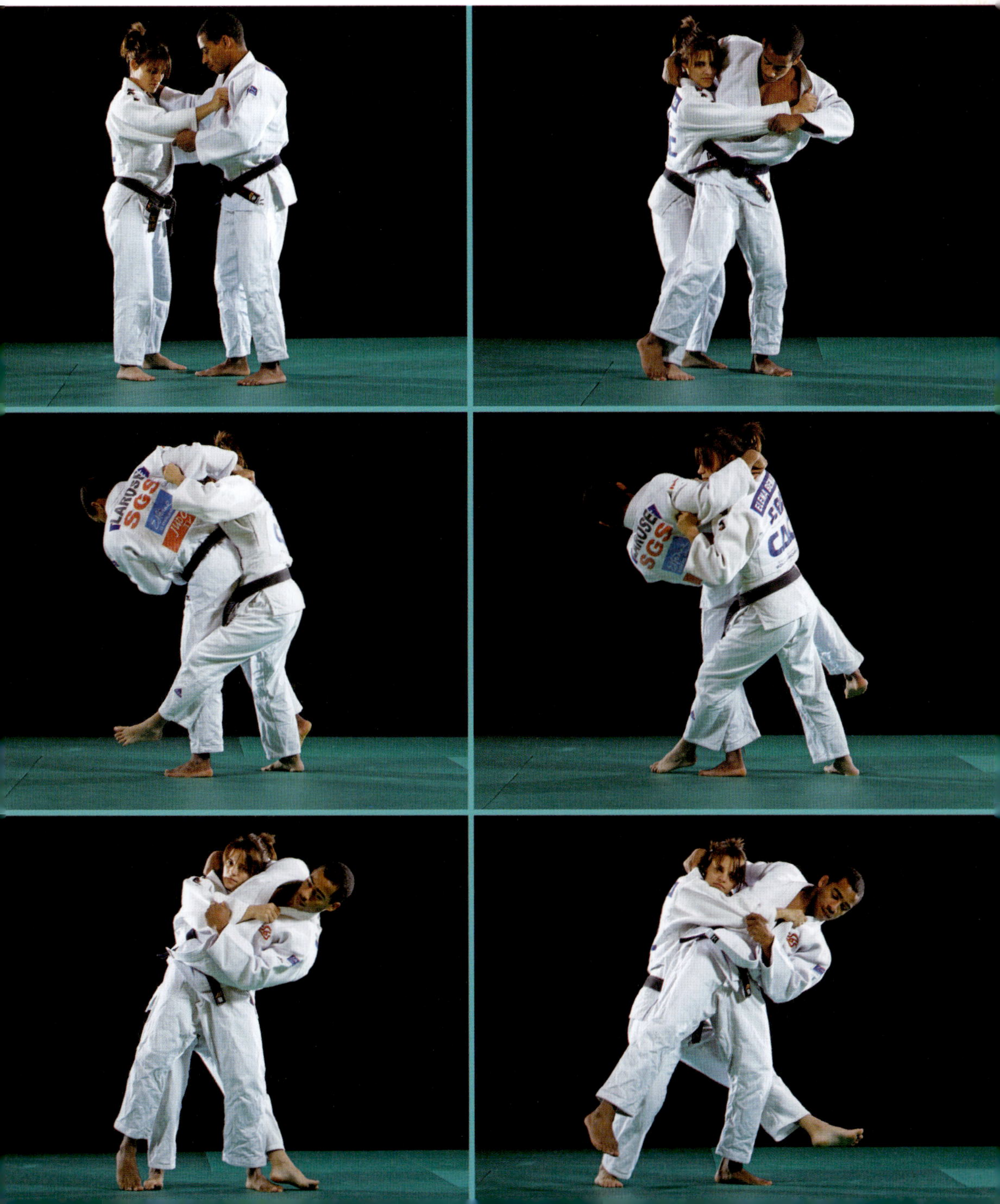

Soto-maki-komi

Außendrehwurf

AB 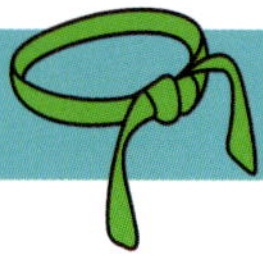

AKTION

- Tori geht mit seinem linken Fuß vor und bricht das Gleichgewicht vorne.
- Tori holt seinen rechten Fuß zum linken nach und versetzt nun seinen linken Fuß außen an den linken Fuß von Uke.
- In derselben Bewegung lässt Tori den Kragen von Uke los und schiebt seinen Arm vor Ukes Kopf.
- Mit dem rechten Arm zieht Tori den linken Ärmel von Uke an seine Brust. Anschließend dreht Tori Uke ein, wie bei einer Fallübung nach vorne.

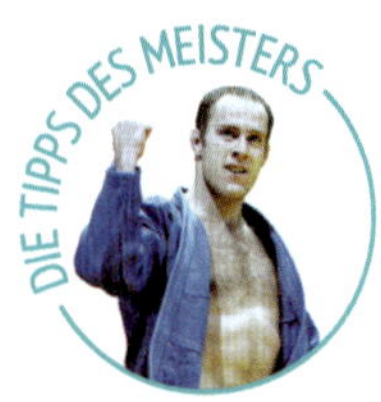

- Soto-maki-komi ist *die* favorisierte Technik der »schwergewichtigen« Judokas, die sich dabei ihre enorme Trägheit zunutze machen. Ich habe aber auch schon Leichtgewichte gesehen, die sie anwendeten.
- Nicht auf dem Boden zusammenfallen, sondern Uke eindrehen.
- Beim Aufkommen auf dem Boden muss der Fall mit dem Unterarm gestoppt werden, um nicht auf Uke zu fallen und Gefahr zu laufen, ihn zu verletzen

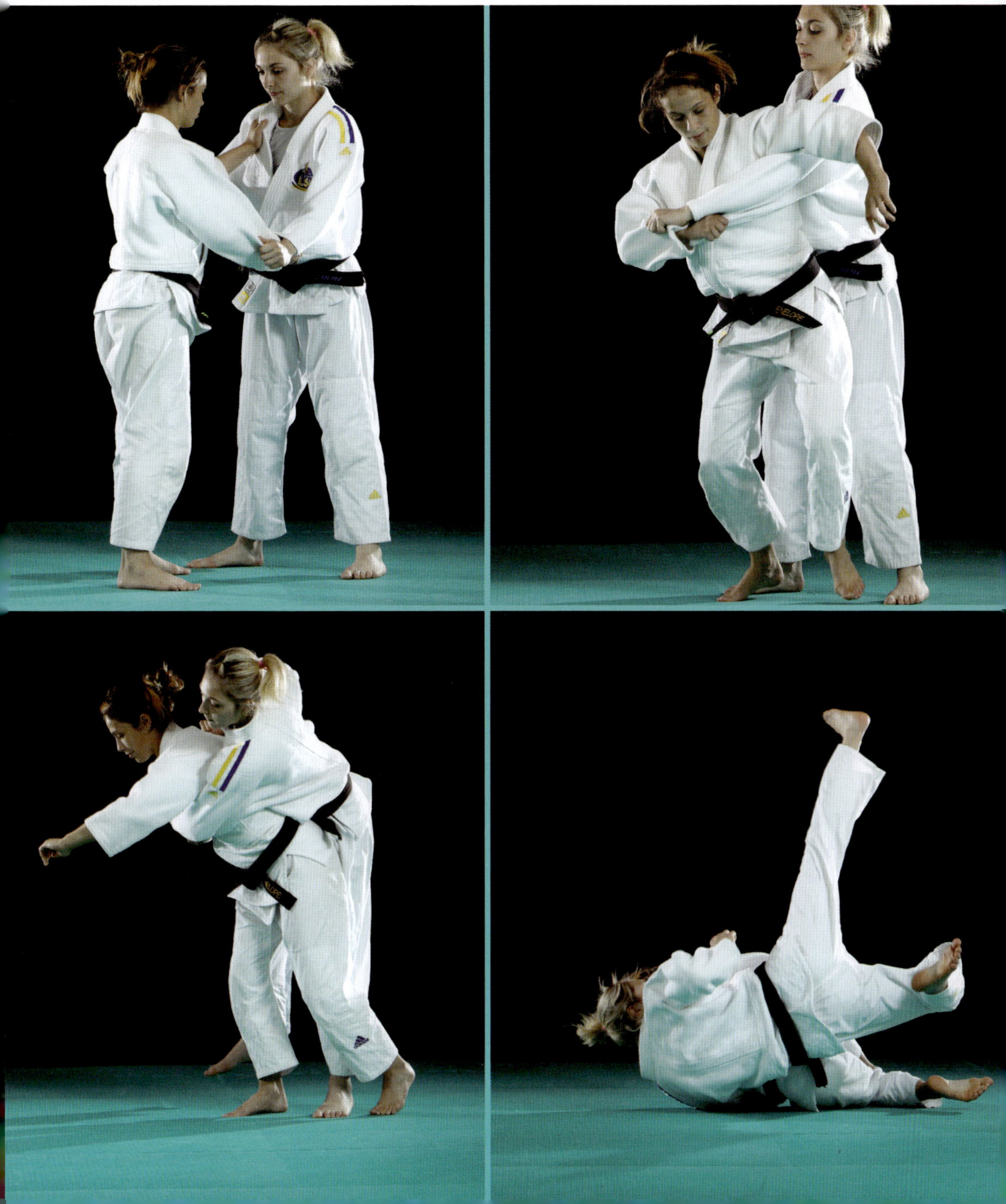

Ura-nage

Rückwurf

AB

AKTION

- Uke setzt ein Haraï-goshi an.
- Tori wehrt ab, geht mit dem rechten Bein zurück und beugt seine Beine.
- Tori führt seinen linken Arm um Ukes Taille, die rechte Hand bleibt am Kragen.
- Tori fixiert Uke an sich.
- Er setzt seinen rechten Fuß vor, hebt Uke aus und wirft ihn über seine linke Schulter nach hinten.

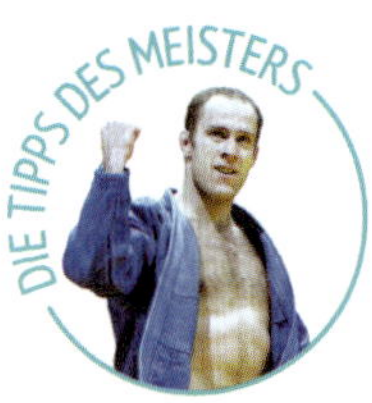

- Hierbei handelt es sich um eine Technik, für deren korrekte Ausführung man gute Lenden braucht!
- Nicht den Brustbereich vorstrecken, sondern in die Knie gehen und mit dem Bauch kontrollieren.
- Uke muss ausreichend an sich fixiert werden, um bessere Kontrolle zu haben, bis er zu Boden geworfen wird. Gut anheben vor dem Umwerfen.

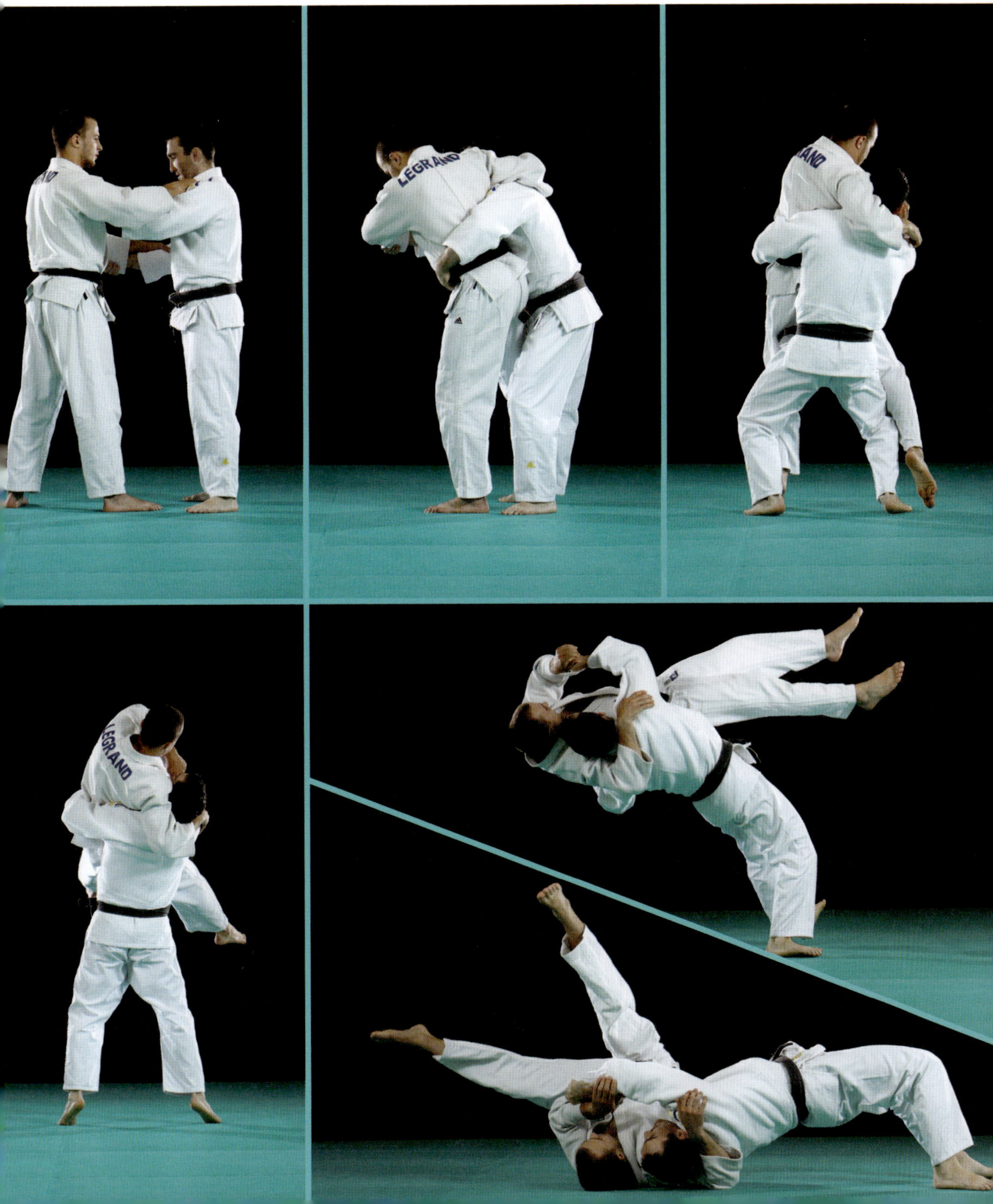
LEGRAND

Yoko-guruma

Seitrad

AB

AKTION

- Uke setzt ein Haraï-goshi an.
- Tori wehrt ab.
- Um ein Ura-nage zu verhindern, beugt Uke die Beine und lehnt sich nach vorne.
- Tori geht mit seinem linken Fuß zurück und stellt sein rechtes Bein weit zwischen die Beine von Uke.
- Mit der linken Hand greift er den Gürtel und zieht fest daran. Die rechte Hand legt Tori auf Ukes Bauch.
- Tori dreht sich nach links und wirft Uke über seine linke Schulter.

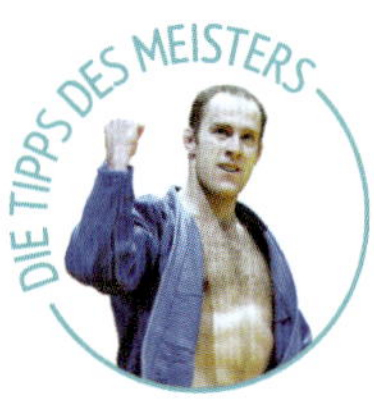

- Diese Technik findet man beim Nage-no-kata; sie kann ebenfalls auf ein Ausweichen auf ein O-goshi folgen.
- Der Zug der Hand am Gürtel (oder sehr weit am Judogi) ist entscheidend und gibt der Drehung seine Weite.
- Das rechte Bein wird weit unter Uke geschoben und löst die Drehung aus.
- Tori wirft seinen Körper unter Uke, um ihn in die Drehung mitzunehmen.

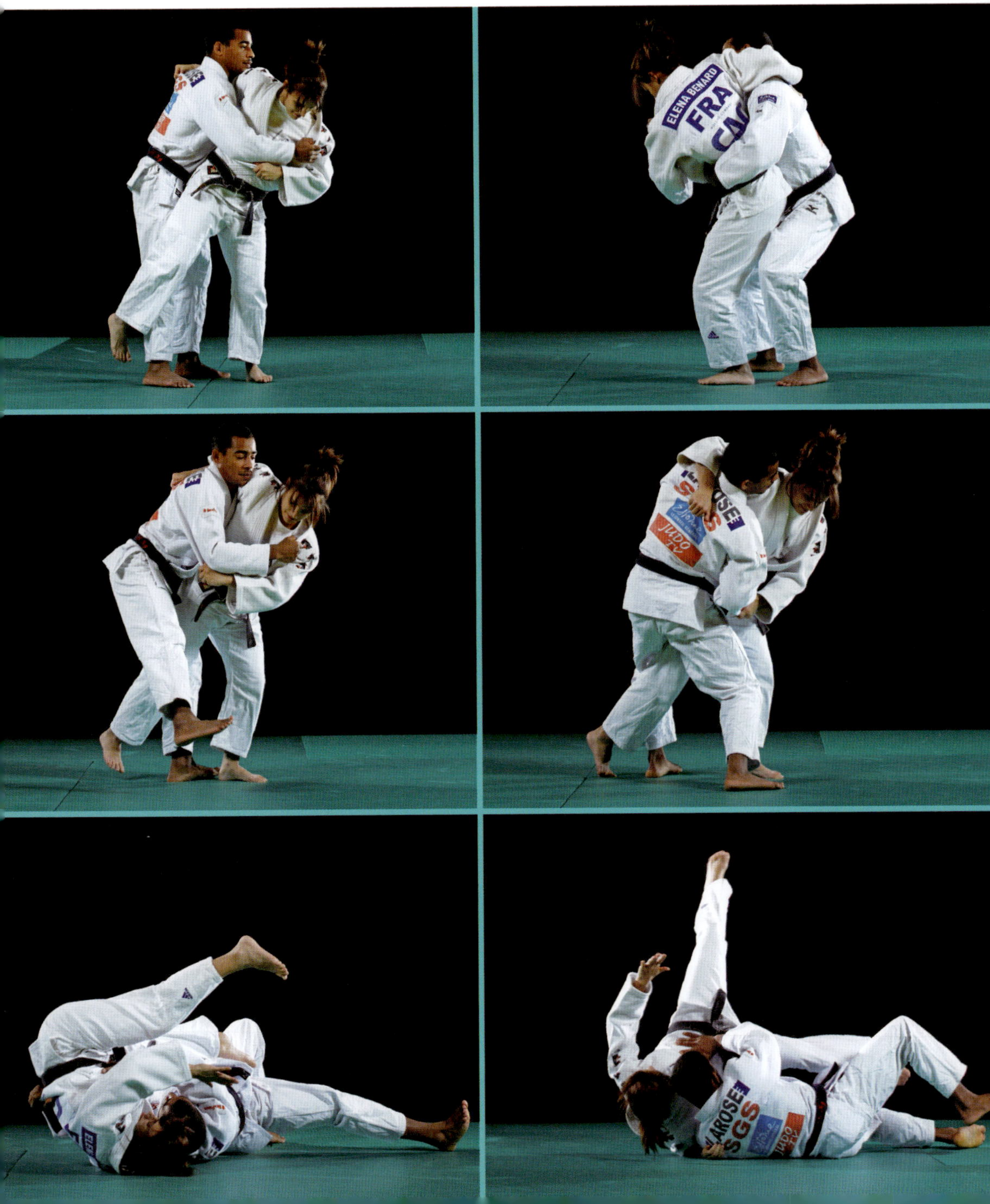
ELENA BENARD
FRA
LAROSE
SGS

Seite 89

5 HALTETECHNIKEN

Osae-komi-waza

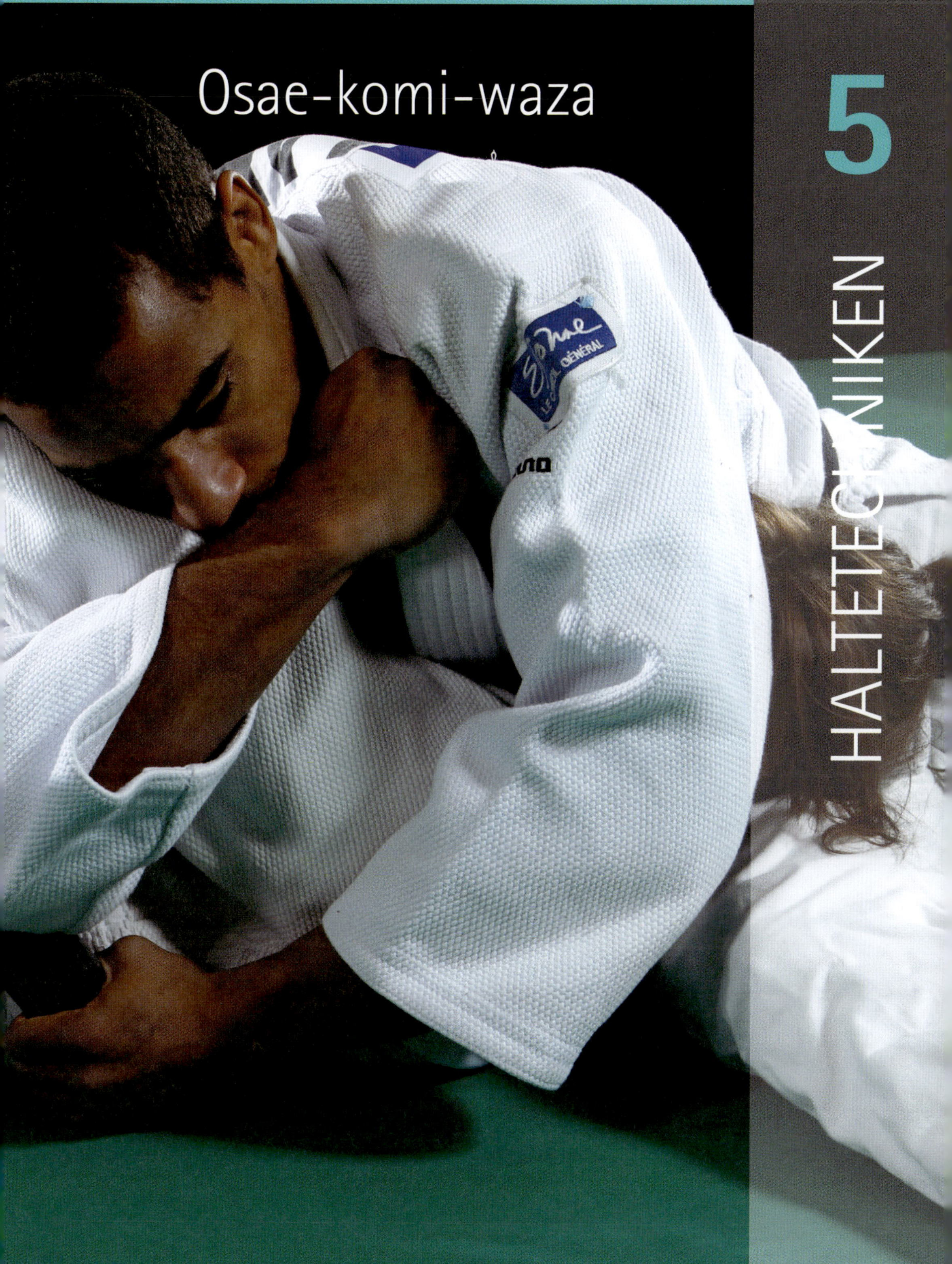

Hon-gesa-gatame

Schärpengriff (Grundform)

AB

AKTION

- Uke liegt auf dem Rücken, Tori kniet an der linken Seite von Uke.
- Tori greift den linken Arm von Uke mit seiner rechten Hand und umschließt diesen mit seinem linken Arm.
- Tori setzt sich auf seine linke Gesäßhälfte und umfasst Ukes Kopf mit seinem linken Arm. Die Beine sind weit geöffnet. Das linke Bein liegt vorne, und der rechte Fuß stützt sich am Boden ab.
- Der linke Daumen liegt am Hals von Uke.
- Tori zieht fest am Ärmel, beugt sich über den Brustkorb von Uke und senkt leicht den Kopf.

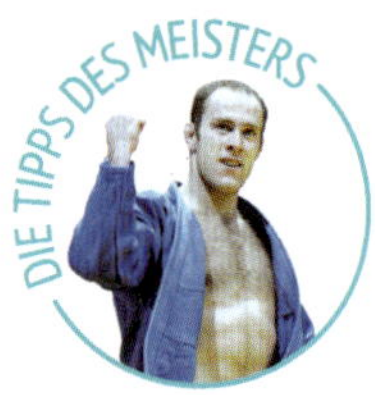

- Für eine bessere Armkontrolle klemmt Tori die Hand unter seiner Achsel ein und greift fest an Ukes Ärmel unterhalb des Ellenbogens. Diese Aktion in Kombination mit dem rechten, abgestützten Fuß erhöht den Druck auf Höhe der Rippen von Uke.
- Bei Kindern kommt anstelle des linken Daumens am Hals der linke Oberschenkel in Kontakt mit der linken Schulter von Uke, und die linke Hand von Tori wird auf seinen Oberschenkel gelegt. Dies ermöglicht eine effektive Kontrolle und schützt Ukes Hals!

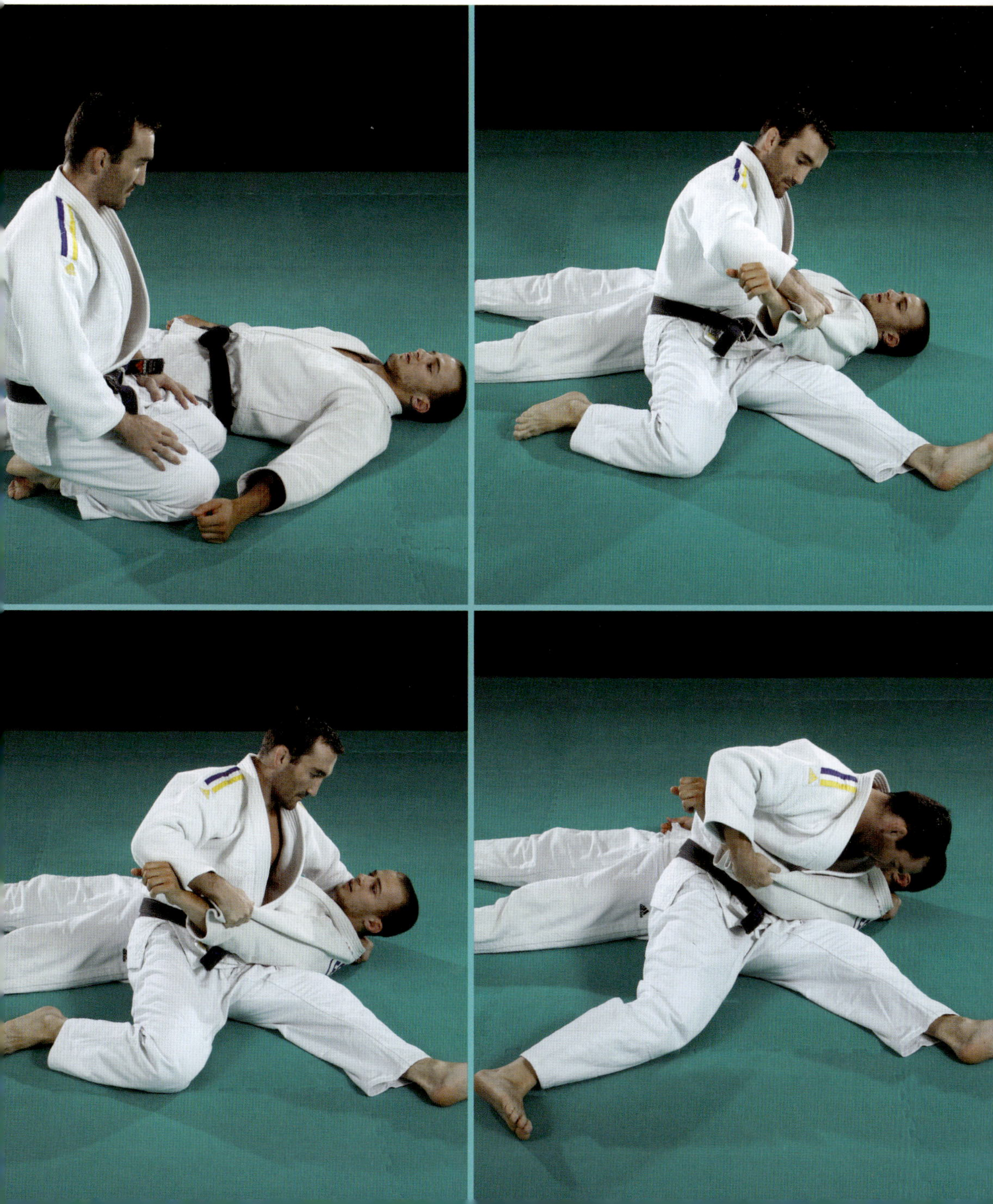

Kuzure-gesa-gatame

Variierte Schärpe

AB

AKTION

- Variante von Hon-gesa-gatame; sie unterscheidet sich nur durch die Position der linken Hand.
- Uke liegt auf dem Rücken, Tori kniet an der linken Seite von Uke.
- Tori greift mit seiner rechten Hand den linken Arm von Uke und umschließt ihn mit seinem linken Arm.
- Tori setzt sich auf seine linke Gesäßhälfte und schiebt seinen linken Arm unter die rechte Achsel von Uke. Die Beine sind weit gespreizt.
- Die linke Hand von Tori wird entweder der Matte oder der rechten Schulter zugewandt platziert und richtet Uke leicht auf oder sie greift den Hals (mit der Handinnenfläche zu Uke), wobei die vier Finger nach innen zeigen.

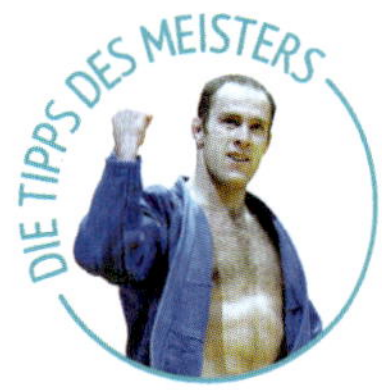

- Diese ist die erste Technik, die den kleinen Judokas gelehrt wird.
- Die linke, bewegungsfreie Hand kann ihren Halt verschieben und den Gegner je nach Ukes Abwehr kontrollieren.
- Das Wichtigste ist, guten Bodenhalt zu haben und Druck auf die Rippenbögen des Partners auszuüben.
- Das Aufrichten von Uke mit der linken Hand befördert ihn in eine sehr unbequeme Position.

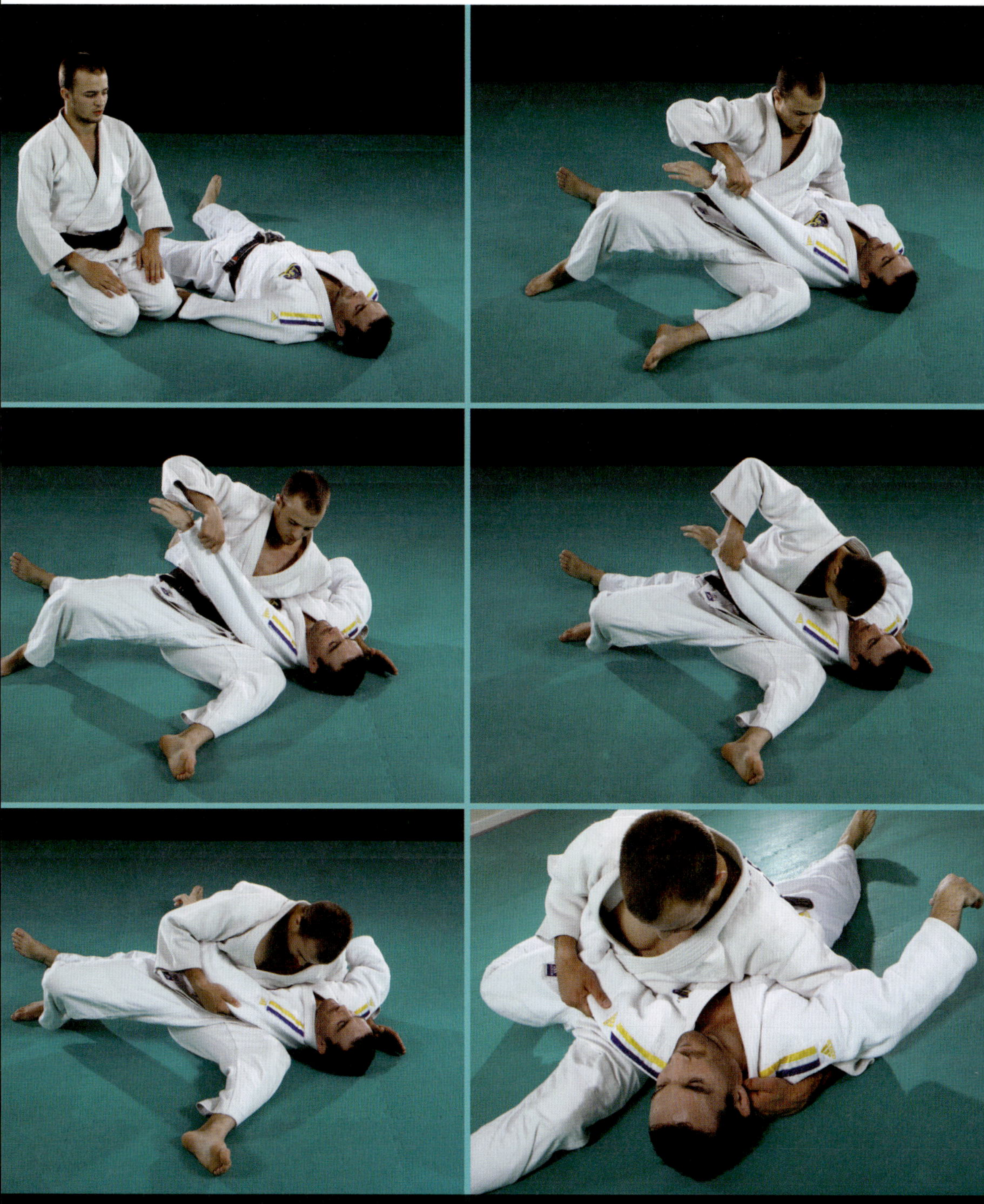

Yoko-shio-gatame

Seitvierer

AB

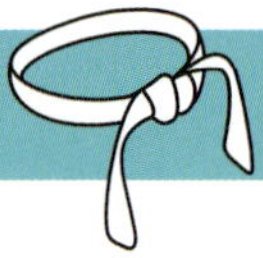

AKTION

- Uke liegt auf dem Rücken, Tori kniet an seiner rechten Seite.
- Tori streckt den rechten Arm von Uke zur Seite aus. Tori drückt sein rechtes Knie gegen die rechte Hüfte von Uke und sein linkes Knie gegen seine rechte Achsel. Gleichzeitig schiebt Tori seinen linken Arm unter den Nacken von Uke, mit dem Daumen am Hals und seinem rechten Arm zwischen den Beinen auf Höhe des linken Oberschenkels, um den Gürtel oder die Hose von Uke zu greifen.
- Toris Brust liegt auf der rechten Seite des Brustkorbs von Uke.
- Tori zieht mit beiden Armen, streckt die Knie durch und drückt sich in Richtung Boden. Der Kopf befindet sich auf der Brust.

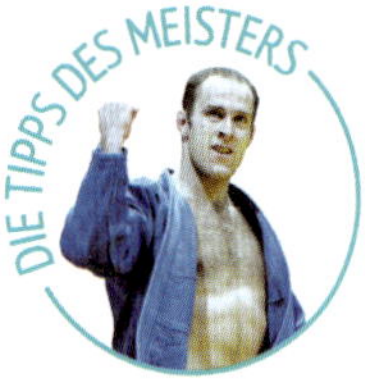

- Die Schultern von Tori dürfen nicht über die Körperachse von Uke hinausgehen.
- Man kann die Beine auch ausstrecken.
- Vorsicht: Es ist besser, den Kopf nicht zu tief am Bauch von Uke zu haben.

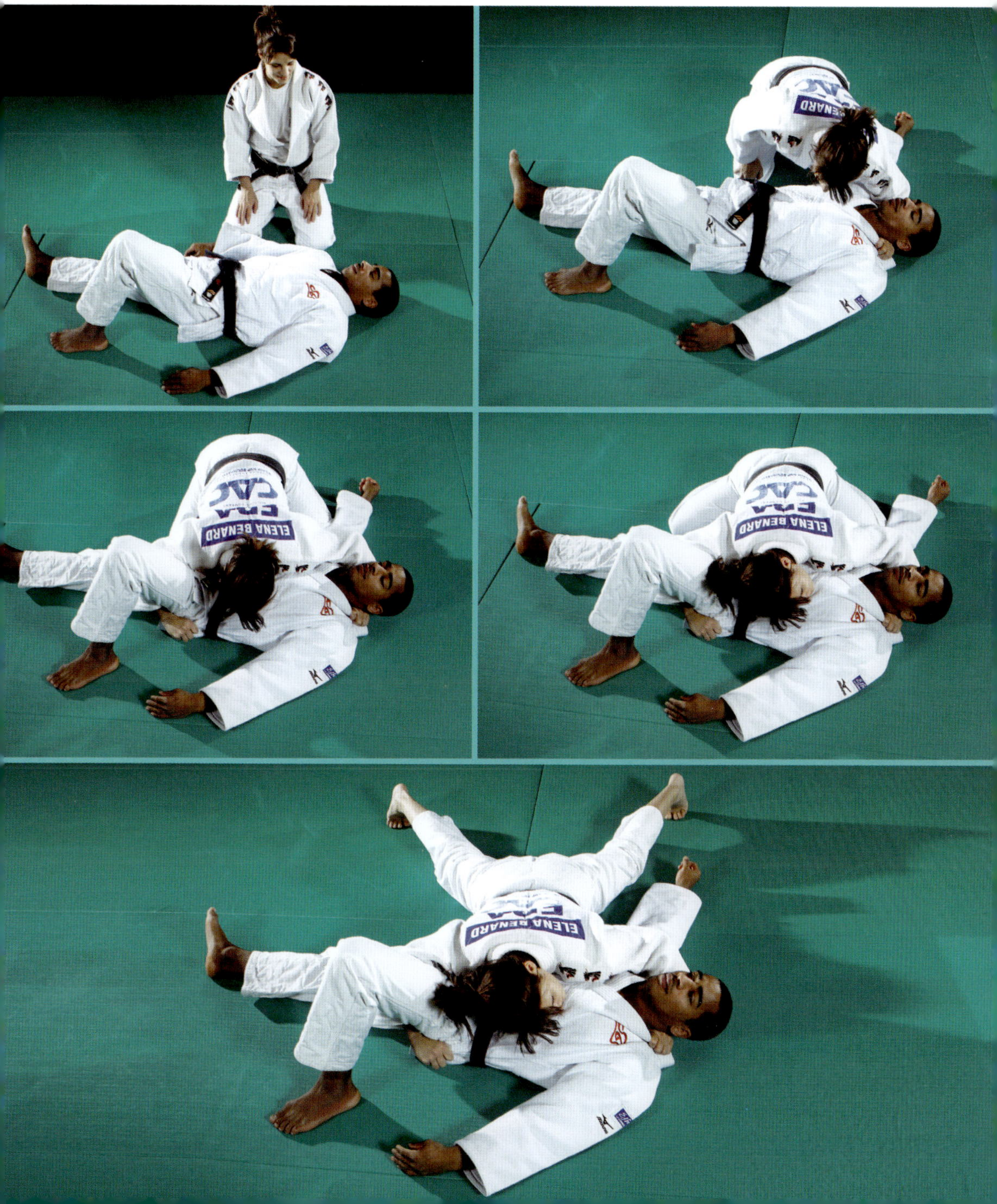
ELENA BENARD

Tate-shio-gatame

Reitvierer

AB

AKTION

- Uke liegt auf dem Rücken, Tori sitzt in Reitposition auf Gürtelhöhe auf ihm.
- Tori schiebt seinen rechten Arm unter den linken Arm von Uke und zieht Ukes Arm gegen seinen Kopf.
- Tori schiebt seinen rechten Arm unter die Achsel von Uke und greift den Hals.
- Tori versetzt seinen Kopf nach links, schiebt seine linke Hand unter den rechten Arm von Uke und greift dessen linkes Revers.
- Tori drückt seine Knie ran und bleibt in engem Kontakt. Tori hakt seine Fußsohlen an Ukes Beinen ein.

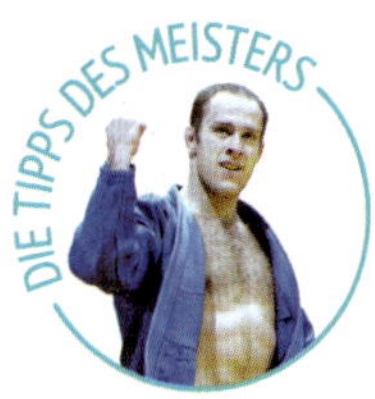

- Diese Grundform kommt eher selten zum Einsatz. Die Kontrolle mit nur einem Arm oder mit einem Arm in Kombination mit dem Kopf ist schnell und effektiv.
- Die Kontrolle der Beine übt zusätzlichen Druck auf den Unterleib von Uke aus und hindert ihn daran, sich abzustützen, um sich zu verteidigen.

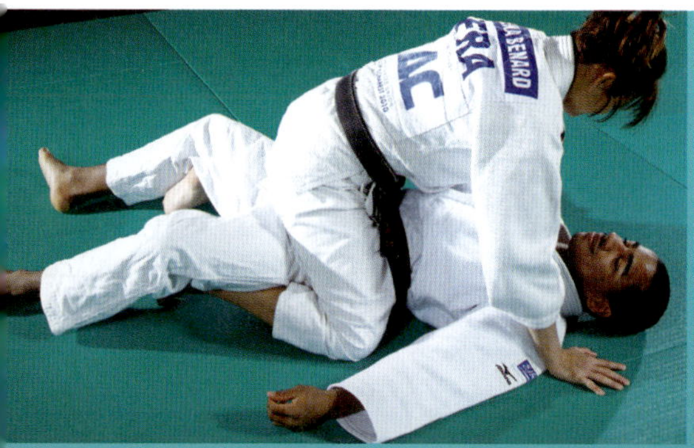

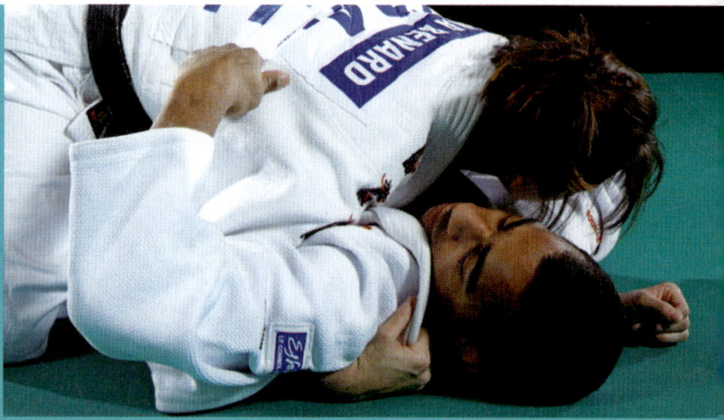
BENARD

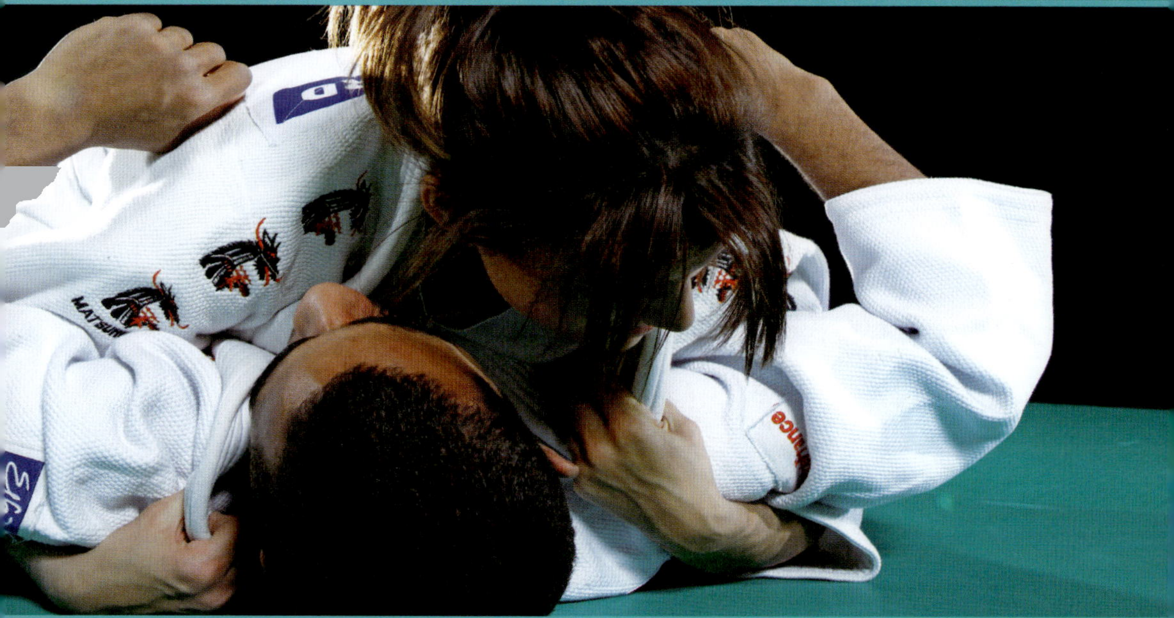

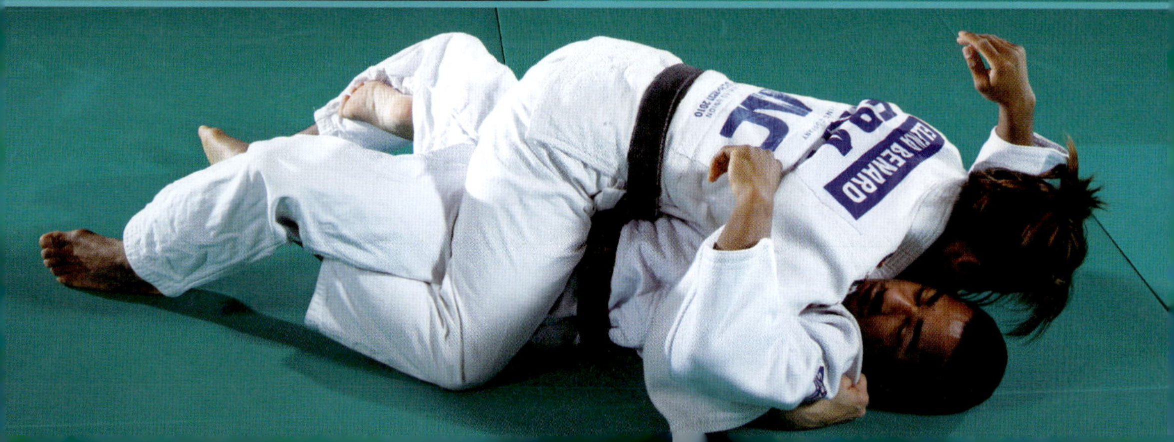
BENARD

Kami-shio-gatame

Kopfvierer

AB

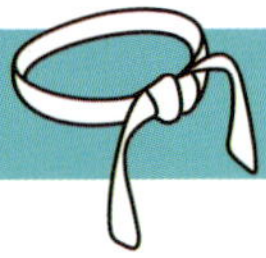

AKTION

- Uke liegt auf dem Rücken, Tori kniet hinter dem Kopf von Uke.
- Tori geht mit beiden Armen unter die Schultern von Uke, seine Ellenbogen sind fest und er greift den Gürtel von Uke.
- Tori zieht und schiebt Uke unter sich. Toris Brust berührt den oberen Bereich von Ukes Brust, die Knie sind geöffnet und er ist in einer tiefen Position.

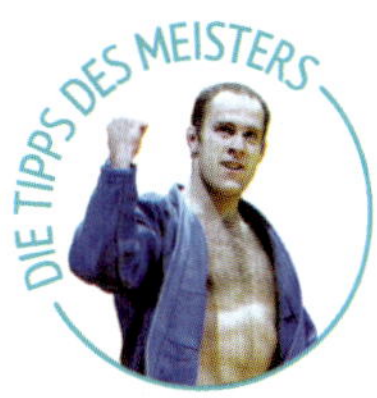

- Beide Arme von Tori müssen unter die Schultern gehen und nicht unter den Trizeps von Uke.
- Tori darf nicht zu hoch über Uke sein. Die Position der Beine kann variieren, eines gebeugt, eines gestreckt.
- Auch der Kopf von Tori wirkt mit und wird je nach Ukes Abwehr platziert.
- Tori hält den Kopf von Uke mit seinem Bauch fest, um ihn daran zu hindern, sich zu befreien.

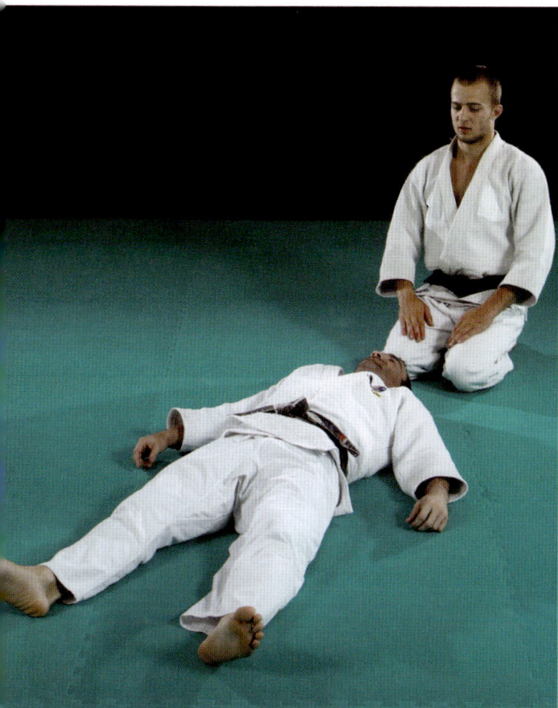

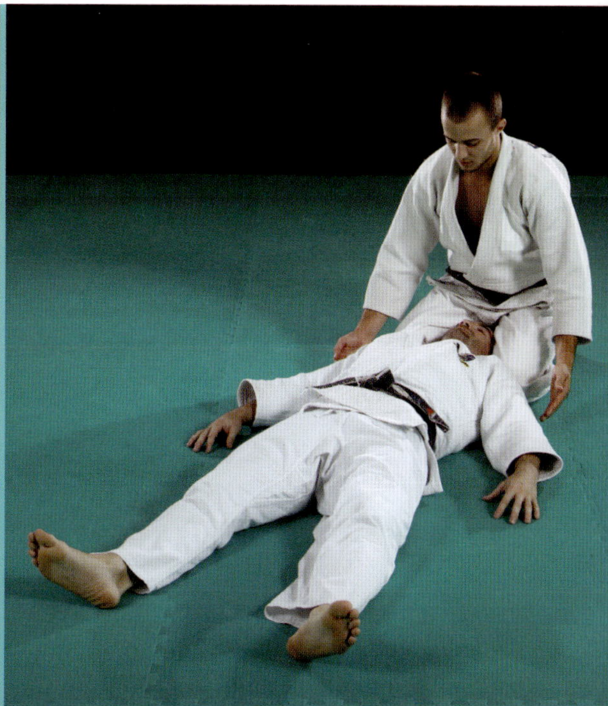

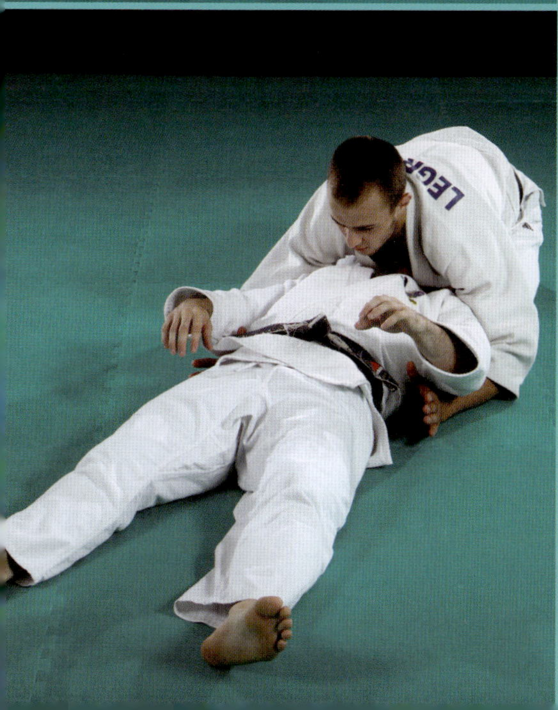

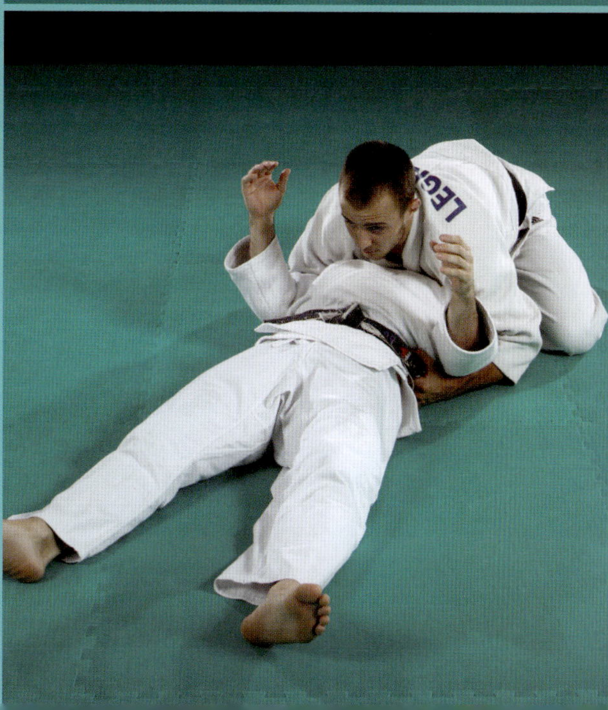

Kata-gatame

Schulterhaltegriff

AB

AKTION

- Uke liegt auf dem Rücken, Tori kniet an seiner rechten Seite.
- Tori greift den rechten Arm von Uke und legt ihn auf den Kopf von Uke. Sein rechter Arm umschließt Ukes Kopf und klemmt Ukes rechten Arm zwischen den beiden Köpfen ein.
- Das rechte Knie von Tori kommt in Kontakt mit der rechten Flanke von Uke.
- Beide Hände von Tori werden miteinander verschränkt.
- Mit den Zehen des rechten Fußes stützt Tori sich an der Matte ab, das linke Bein ist zur Seite ausgestreckt.

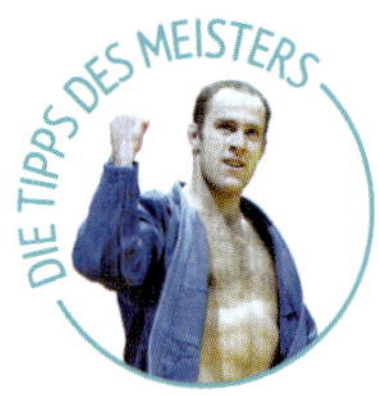

- Der Kontakt zwischen Arm und Kopf muss sehr eng sein, da diese Position sehr unbequem für Uke ist.
- Die Hände werden ineinander verschränkt. Man kann auch die Ärmel greifen, sollte aber keinesfalls die Finger miteinander verschlingen.
- Die Position der Beine kann entsprechend Ukes Abwehr variiert werden.

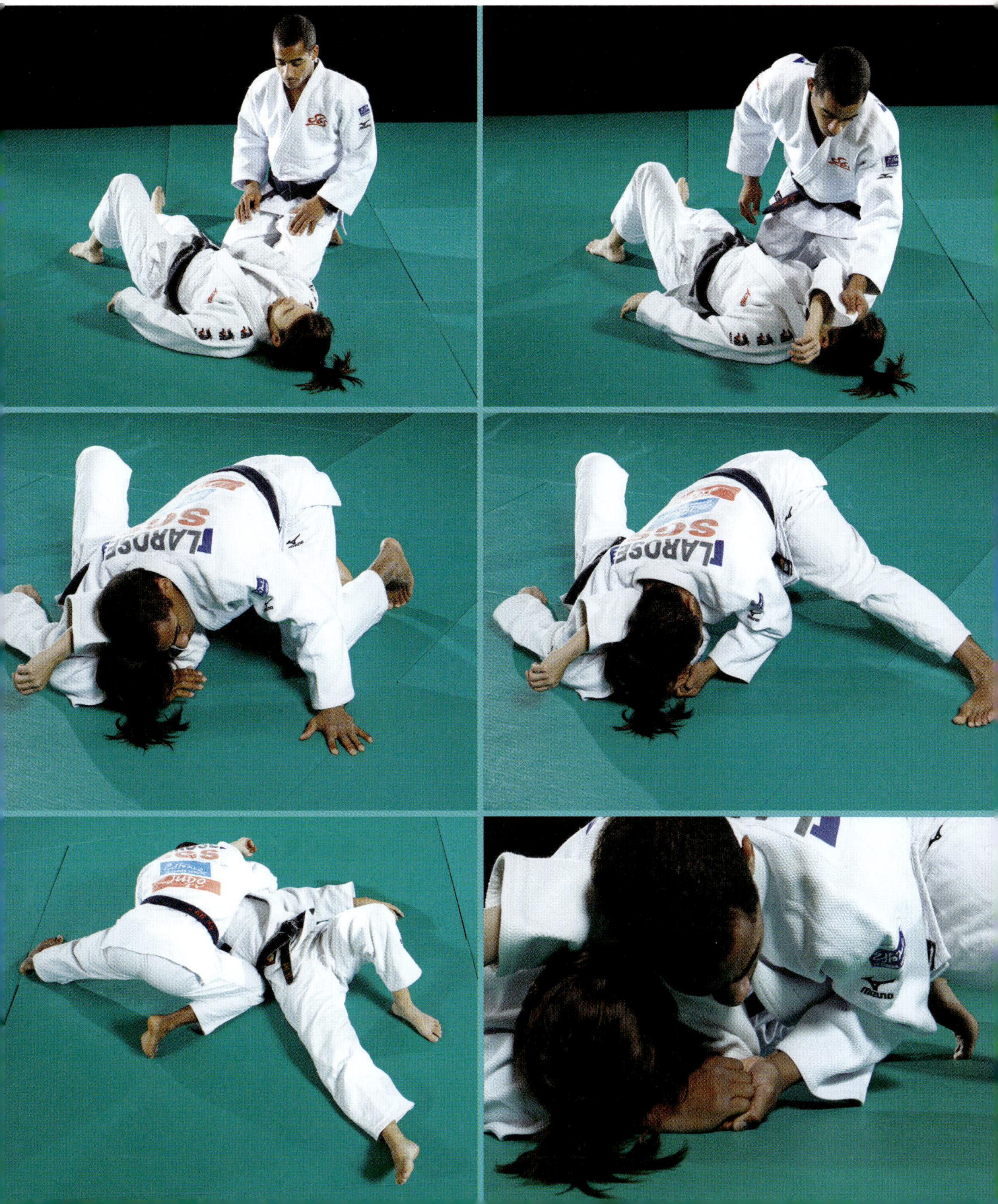

Ushiro-gesa-gatame

Umgekehrter Schärpenhaltegriff

AB 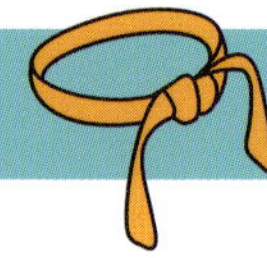

AKTION

- Tori kniet hinter Ukes Kopf.
- Tori fasst den linken Ärmel von Uke mit seiner linken Hand. Seinen rechten Arm schiebt er unter die Schulter von Uke und greift dessen Gürtel.
- Toris rechtes Bein nimmt eine Gesa-Form ein, doch es zeigt in Richtung Füße. Der linke Arm von Tori fasst um den linken Arm von Uke herum und klemmt so die Hand unter seiner Achsel ein.

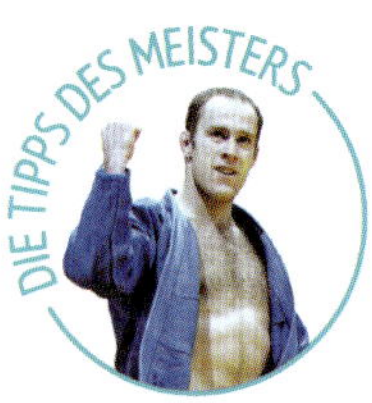

- Der Schwachpunkt dieses Haltegriffes liegt auf der Rückseite von Tori. Er muss daher das hintere Bein ausreichend wegspreizen, sich nach vorne lehnen und eine leichte Außendrehung des Rumpfes ausführen.
- Die Hand am Gürtel kann auch am Knie platziert werden, um zu verhindern, dass Uke sich zur Abwehr abstützen kann.
- Ushiro-gesa-gatame kann in gewisser Weise als umgekehrter Hon-gesa-gatame bezeichnet werden.
- Tori umschließt Ukes Arm.
- Tori hält diesen mit seiner Achsel fest, um den Judogi gut fassen zu können und zu verhindern, dass der Partner seinen Arm herauszieht.

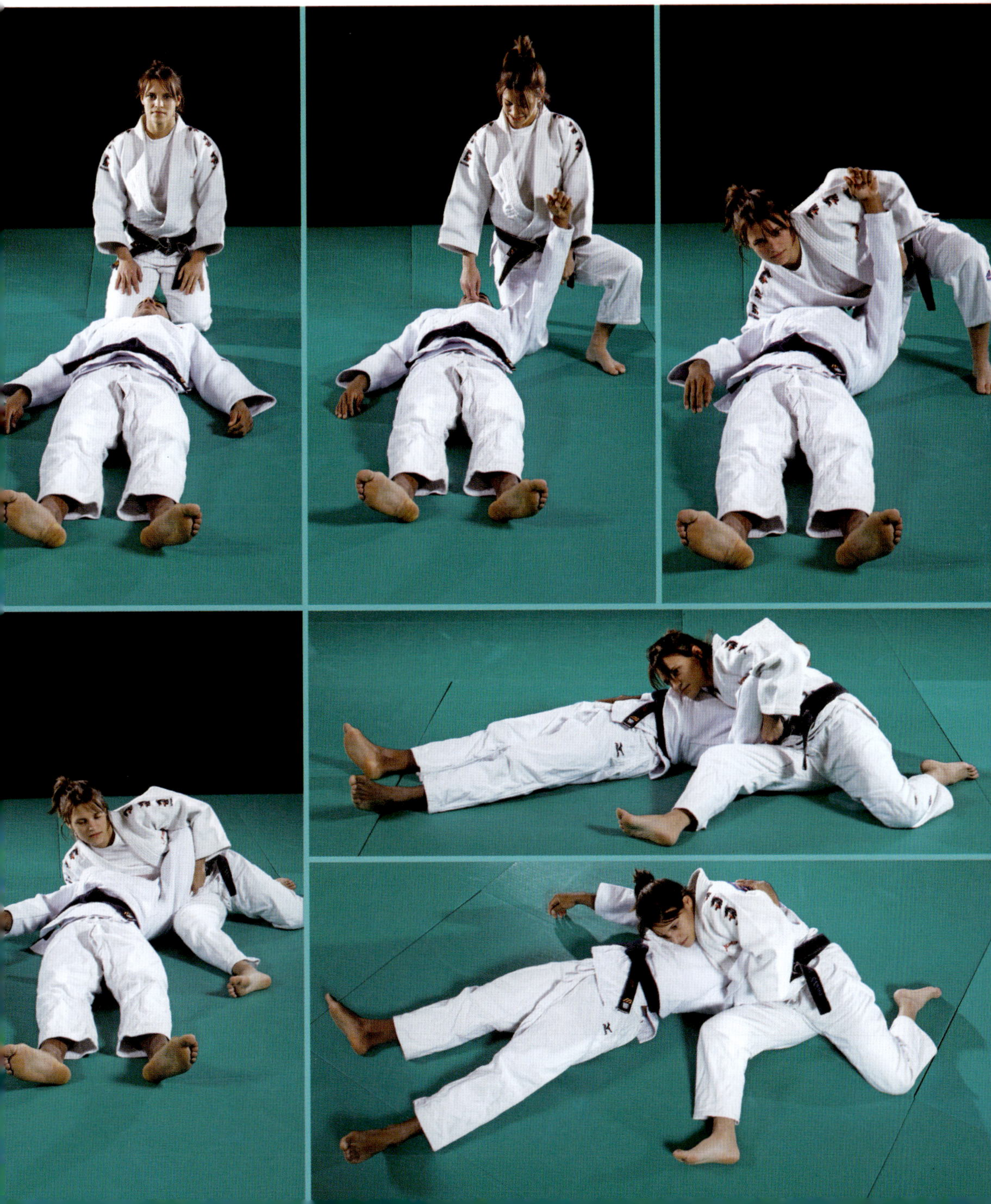

Makura-gesa-gatame

Kissenschärpe

AB

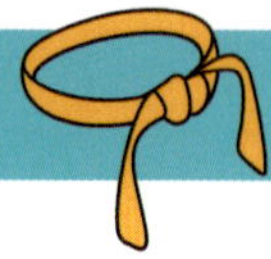

AKTION

- Uke liegt auf dem Rücken, Tori kniet an Ukes rechter Seite.
- Mit dem rechten Arm umfasst Tori auf Höhe der Achsel den linken Arm von Uke, blockiert ihn mit seinem Kopf und greift sein linkes Revers.
- Seine linke Hand schiebt Tori unter den Nacken von Uke und hebt den Kopf an.
- Tori schiebt sein rechtes Bein unter den Kopf von Uke und bettet diesen (wie auf einem Kissen) auf seinem Oberschenkel.
- Tori streckt sein linkes Bein weit aus und fasst mit seiner linken Hand den Gürtel an Ukes linker Seite.
- Tori schiebt seinen Körper nach vorne.

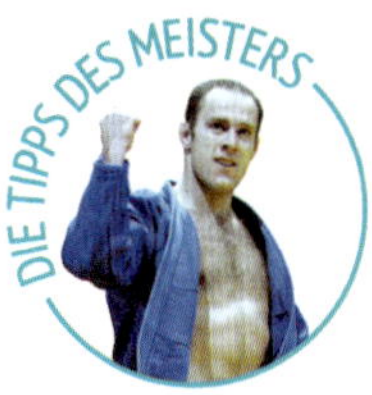

- Das hintere Bein von Tori muss ausreichend weggestreckt werden, um zu verhindern, dass er nach hinten geworfen wird.
- Der Kopf wird in Richtung Knie gedreht.
- Der rechte Oberschenkel drückt unter den Kopf von Uke, um ihn daran zu hindern, sich fest abzustützen.
- Tori muss unbedingt Ukes Arm festhalten.
- Makura-gesa-gatame kann auf eine Abwehr von Kuzure-gesa-gatame folgen.

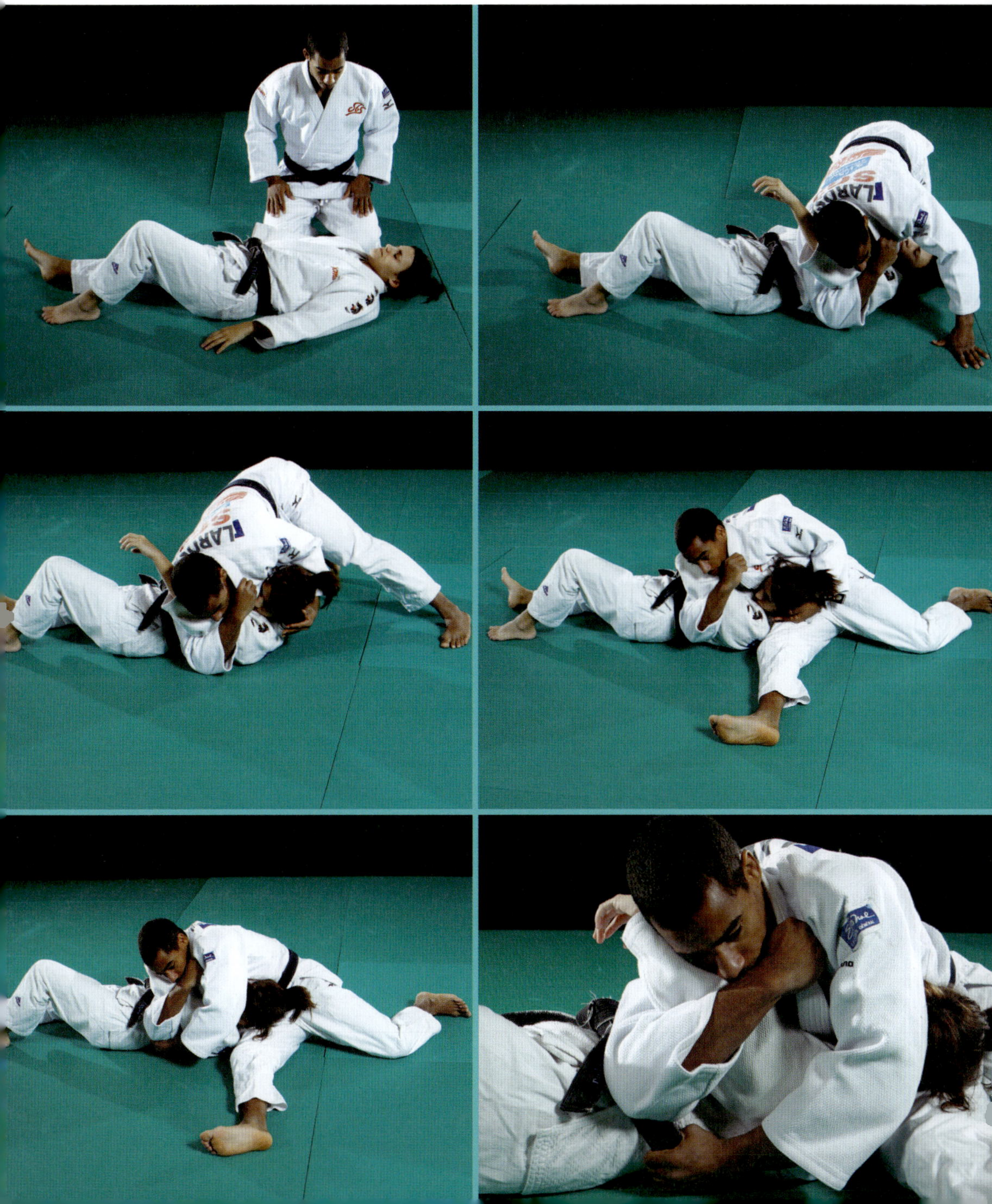

6 HEBELTECHNIKEN

Kansetsu-waza

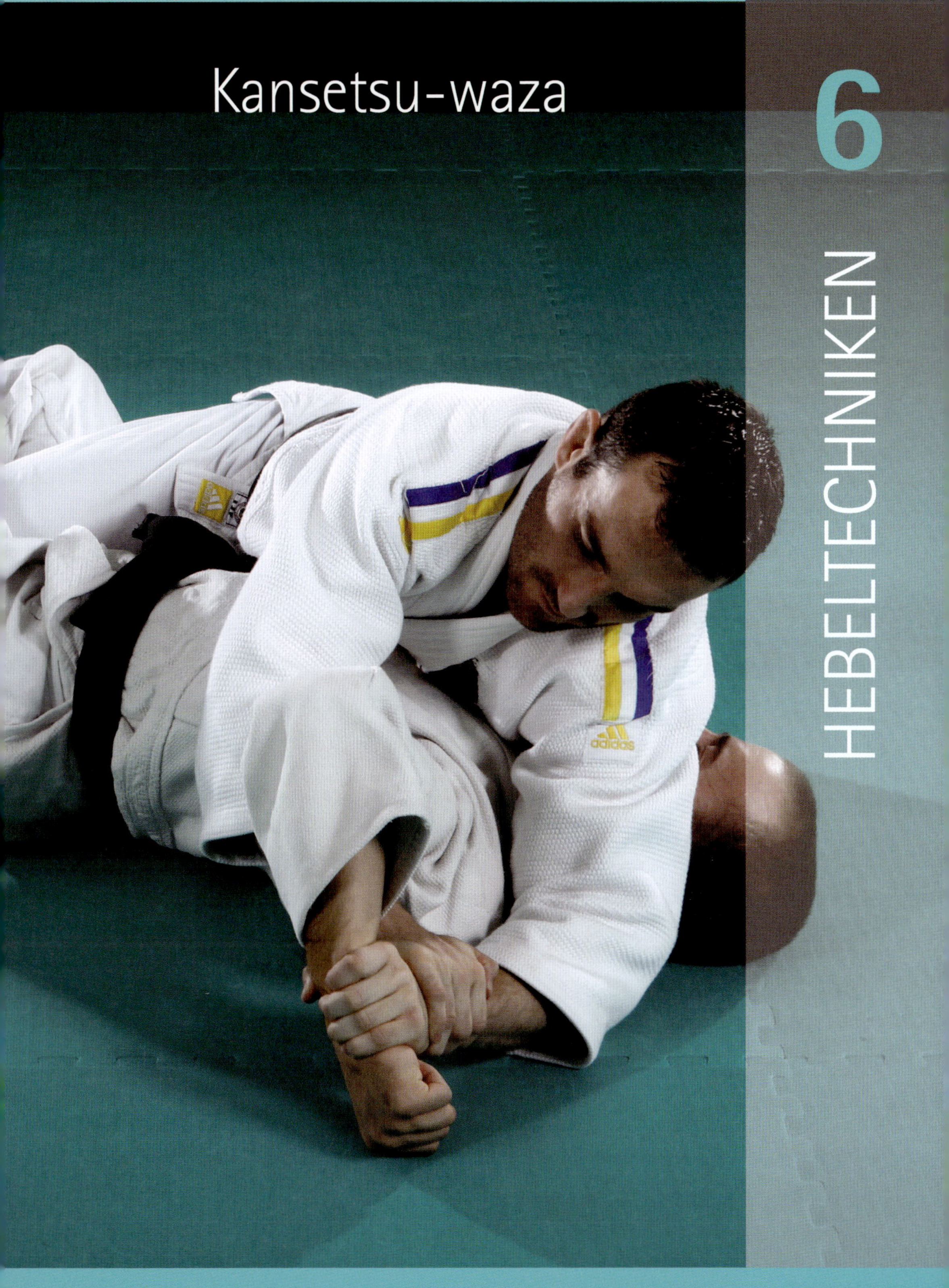

Juji-gatame

Kreuzhebel

AB 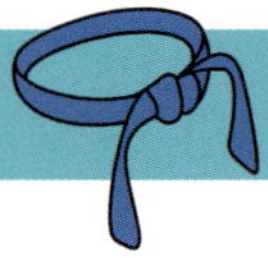

AKTION

- Uke liegt auf dem Rücken, Tori kniet an seiner rechten Seite.
- Tori hängt seinen rechten Arm in den linken, verteidigenden Arm von Uke ein und steigt mit seinem rechten Bein über Uke.
- Tori streckt Ukes rechten Arm aus und legt sein linkes Bein vor Ukes Kopf.
- Tori hakt seine Füße unter dem linken Arm von Uke ein und spannt die Knie an.
- Tori fasst mit seinem linken Arm den rechten Arm von Uke möglichst nah am Handgelenk und löst die Umklammerung.
- Tori legt sich auf den Rücken und überstreckt den rechten Ellenbogen von Uke.

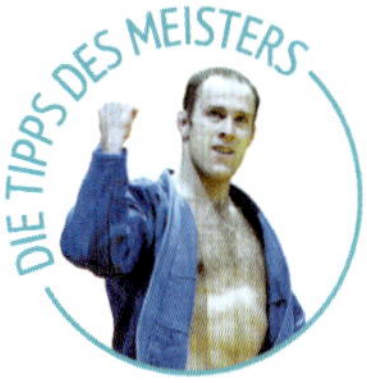

- Juji-gatame ist der am meisten gefürchtete und effektivste aller Armhebel. Mit dieser Technik konnte ich schon oft einen Kampf erfolgreich beenden.
- Es ist äußerst wichtig, die Beine so früh wie möglich und vor dem Hinsetzen anzuspannen.
- Tori muss seine Füße kreuzen, um mehr Kraft zu haben, wenn er Uke herunterdrückt, und um zu verhindern, dass dieser sich aus dem Griff löst.
- Die Überstreckung des Armes erfolgt in Richtung des kleinen Fingers.

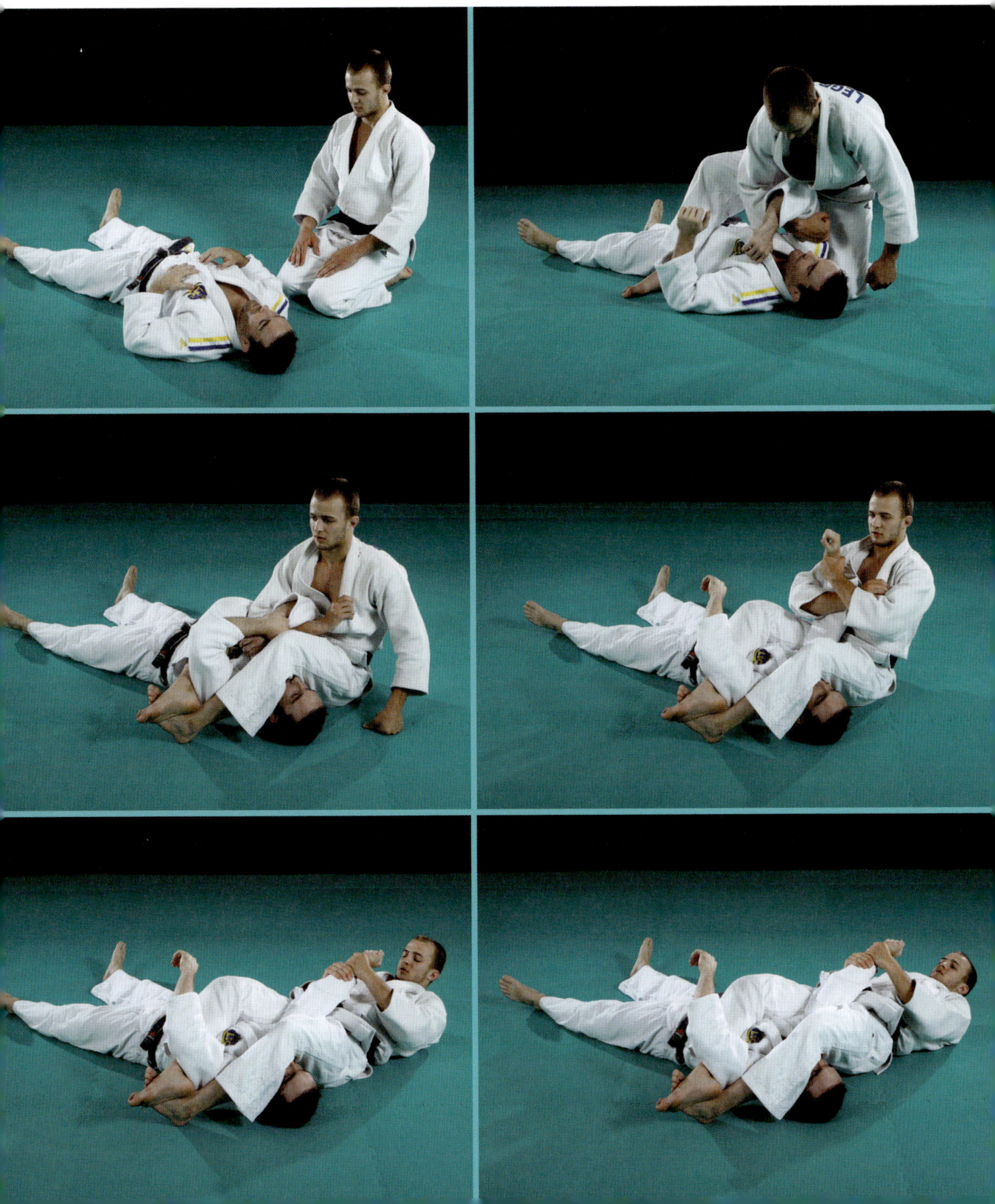

Ude-gatame

Armstreckhebel

AB

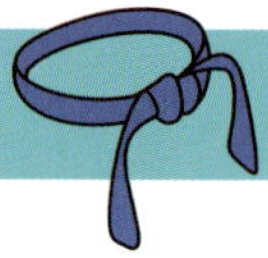

AKTION

- Uke fasst den Kragen von Tori mit seinem linken Arm.
- Tori klemmt Ukes Arm zwischen seinem Kopf und seiner Schulter ein. Tori greift den linken Arm von Uke auf Höhe des Ellenbogens mit seiner linken Hand, und die rechte Hand kommt unterstützend hinzu.
- Ukes Arm befindet sich in einer Streckung.
- Die linke Hand von Tori führt eine Innendrehung von Ukes Arm aus. Beide Hände drücken nach unten, um den Hebel auszuführen.

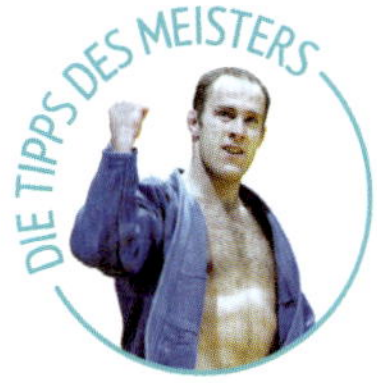

- Die Drehung des Arms durch den Griff auf Höhe des Ellenbogens ist entscheidend und verdankt dieser Technik seine gesamte Effektivität.
- Tori muss Ukes Handgelenk mit dem Kopf und der Schulter festhalten.
- Tori muss Uke mit seinen Füßen festhalten.

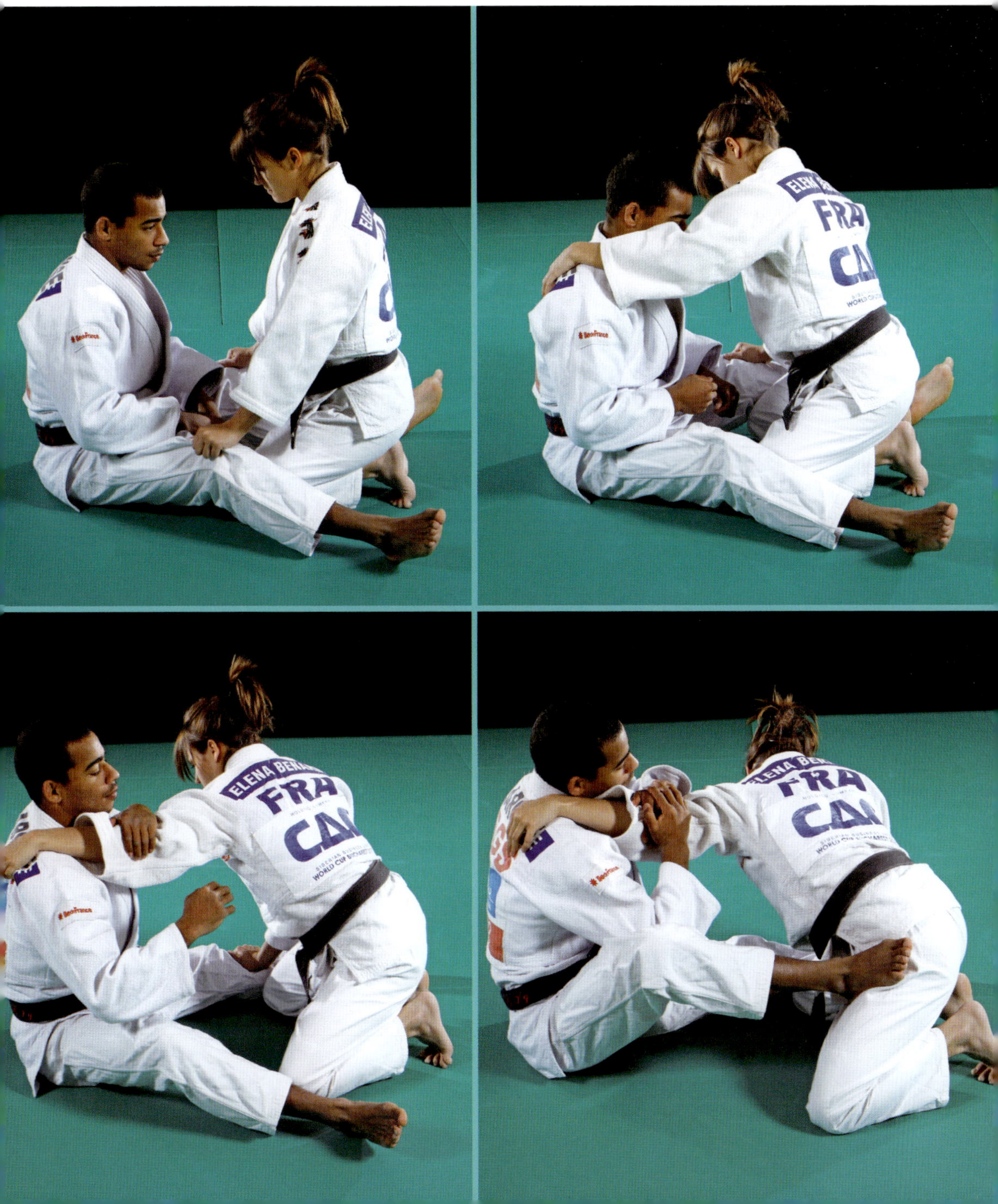
FRA

Ashi-gatame

Beinstreckhebel

AB

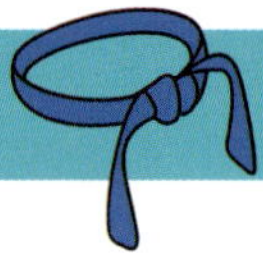

AKTION

- Uke ist in Bankposition, Tori kniet an seiner rechten Seite.
- Mit seiner rechten Ferse hakt sich Tori in den rechten Arm von Uke ein und platziert seinen rechten Fuß dann in die Beuge seines linken Knies (wie bei Sankaku-jime).
- Weiterhin der Matte zugewandt schiebt sich das rechte Bein bis zum Handgelenk, der Bauch stützt sich auf dem Ellenbogen von Uke ab.

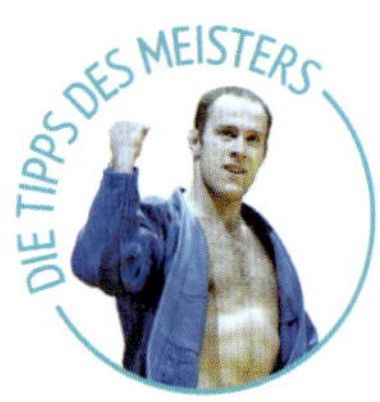

- Damit die Technik noch effektiver wird, muss Tori Uke hinlegen.
- Tori muss der Matte zugewandt bleiben.
- Nicht versuchen, mit den Beinen zu ziehen, sobald der Fuß in der Kniebeuge ist, sondern mit dem Bauch schieben und drücken.

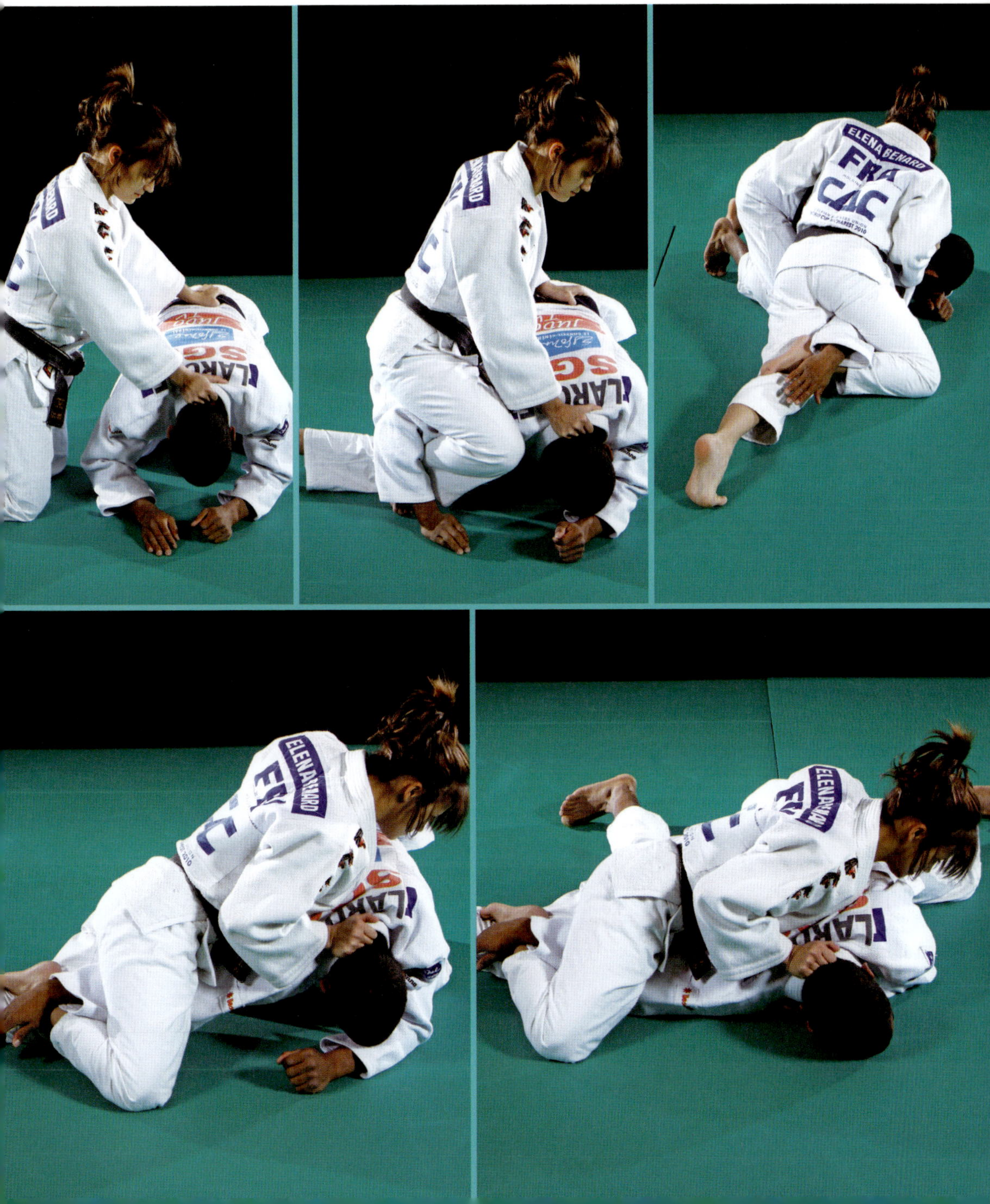
ELENA BENARD
FRA

Hara-gatame

Bauchstreckhebel

AB

AKTION

- Uke liegt auf dem Boden, festgehalten in einem rechtsseitigen Kuzure-gesa-gatame. Uke beugt sich nach rechts und schiebt seinen linken Arm vor die Brust von Tori, um sich auf den Bauch zu drehen.
- Tori fasst das linke Handgelenk von Uke mit seiner linken Hand.
- Tori hebelt, indem er mit dem rechten Knie nach vorne an die Innenseite von Uke geht und mit geradem Oberkörper mit dem Bauch gegen den linken Ellenbogen von Uke drückt.

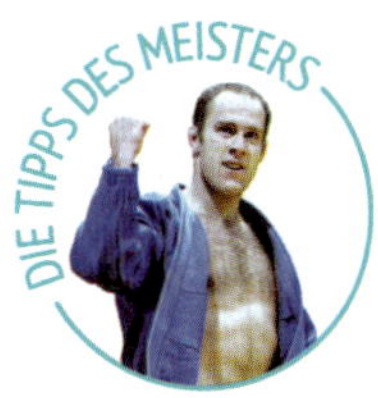

- Tori muss seinen Bauch auf Höhe des Ellenbogens positionieren.
- Tori darf sich nicht auf dem Ellenbogen von Uke abstützen, sondern bis auf Höhe des Arms vorgehen.
- Die Hand, die das Handgelenk greift, übt eine Rotationsbewegung an Ukes Arm aus, als ob er beim Motorrad Gas geben würde.

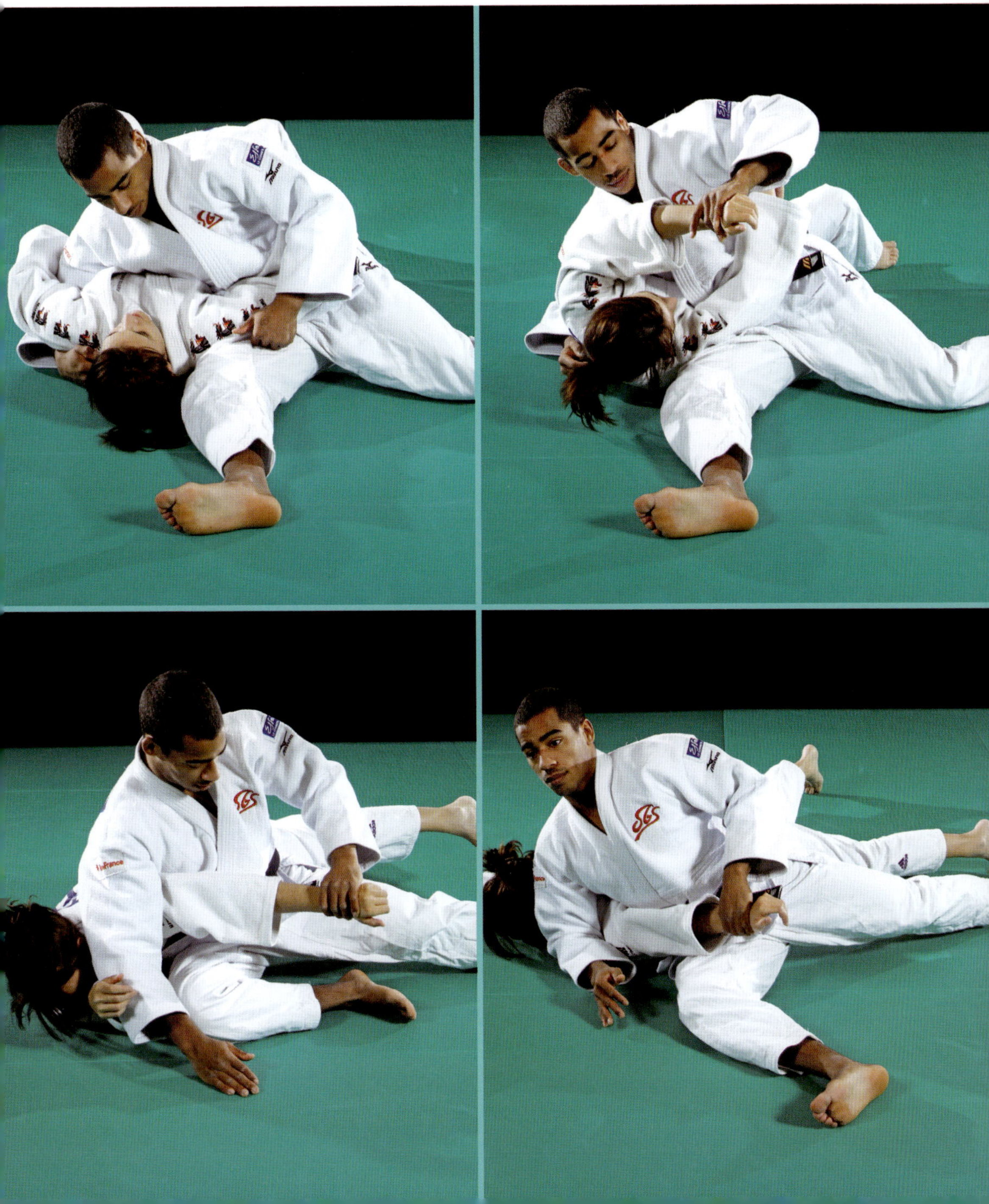

Waki-gatame

Achselstreckhebel

AB

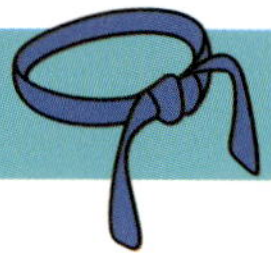

AKTION

- Tori hat ein Kuzure-gesa-gatame ausgeführt.
- Uke versucht, sich zu befreien, indem er mit seinem linken Arm am Kragen von Tori schiebt.
- Tori löst den Griff und fasst dann den Arm von Uke und entfernt sich nach hinten, indem er ihn zieht und umdreht.
- Uke liegt auf dem Bauch, der Arm wird über der Schulterlinie nach oben gezogen und der Ellenbogen unter Toris Achsel eingeklemmt.
- Durch das Anheben des Handgelenks von Uke wird der Hebel vollendet.

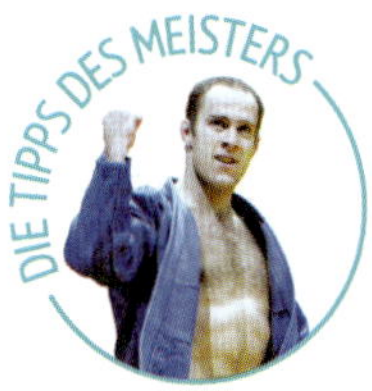

- Tori kontrolliert Uke mit dem Ellenbogen, auf Höhe des Trizeps.
- Tori positioniert die Hand in die richtige Richtung, um den Hebel am Ellenbogen zu unterstützen.

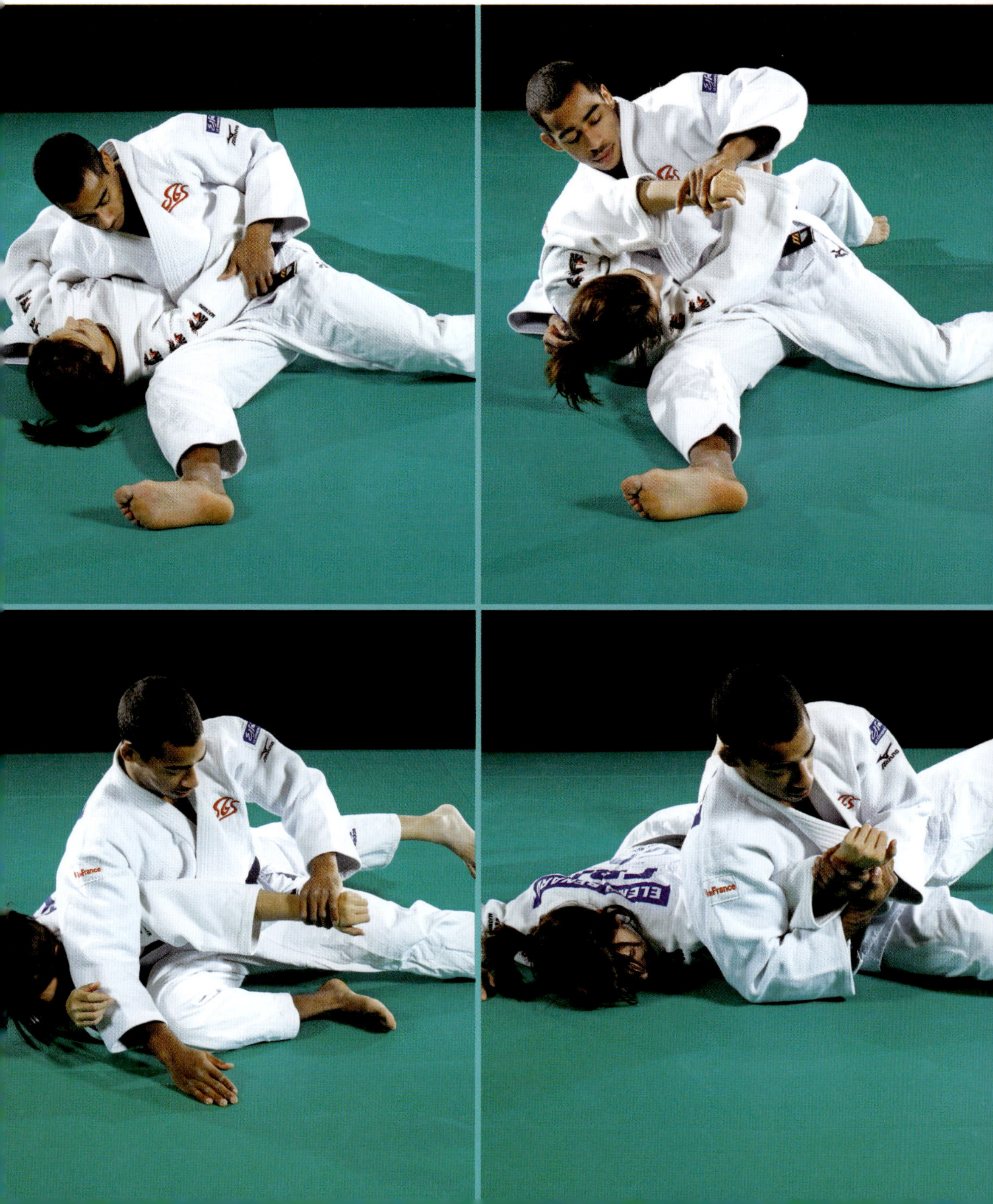

Ude-garami

Armbeugehebel

AB

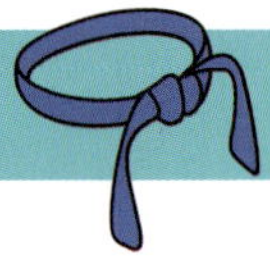

AKTION

- Uke liegt auf dem Rücken, Toris rechtes Bein ist fest, und er kniet auf Ukes rechter Seite.
- Tori greift das linke Handgelenk von Uke mit seiner linken Hand, der Daumen zeigt dabei nach unten. Tori behält die Beugung von Ukes Arm bei und führt ihn im 90-Grad-Winkel zur Matte (Ukes Handfläche zeigt nach oben).
- Der linke Ellenbogen von Tori kontrolliert Ukes Kopf.
- Tori schiebt seinen rechten Arm unter Ukes Arm und umfasst sein eigenes linkes Handgelenk.
- Tori behält Ukes Handgelenk umfasst, zieht es zu sich und hebt seinen rechten Arm an.

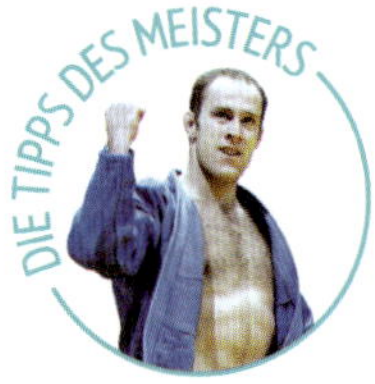

- Damit die Technik noch effektiver wird, verdreht Tori den Unterarm so, als ob er den Gashebel eines Motorrads betätigen würde!
- Gut darauf achten, dass Ukes Arm gesenkt wird und nicht angehoben.

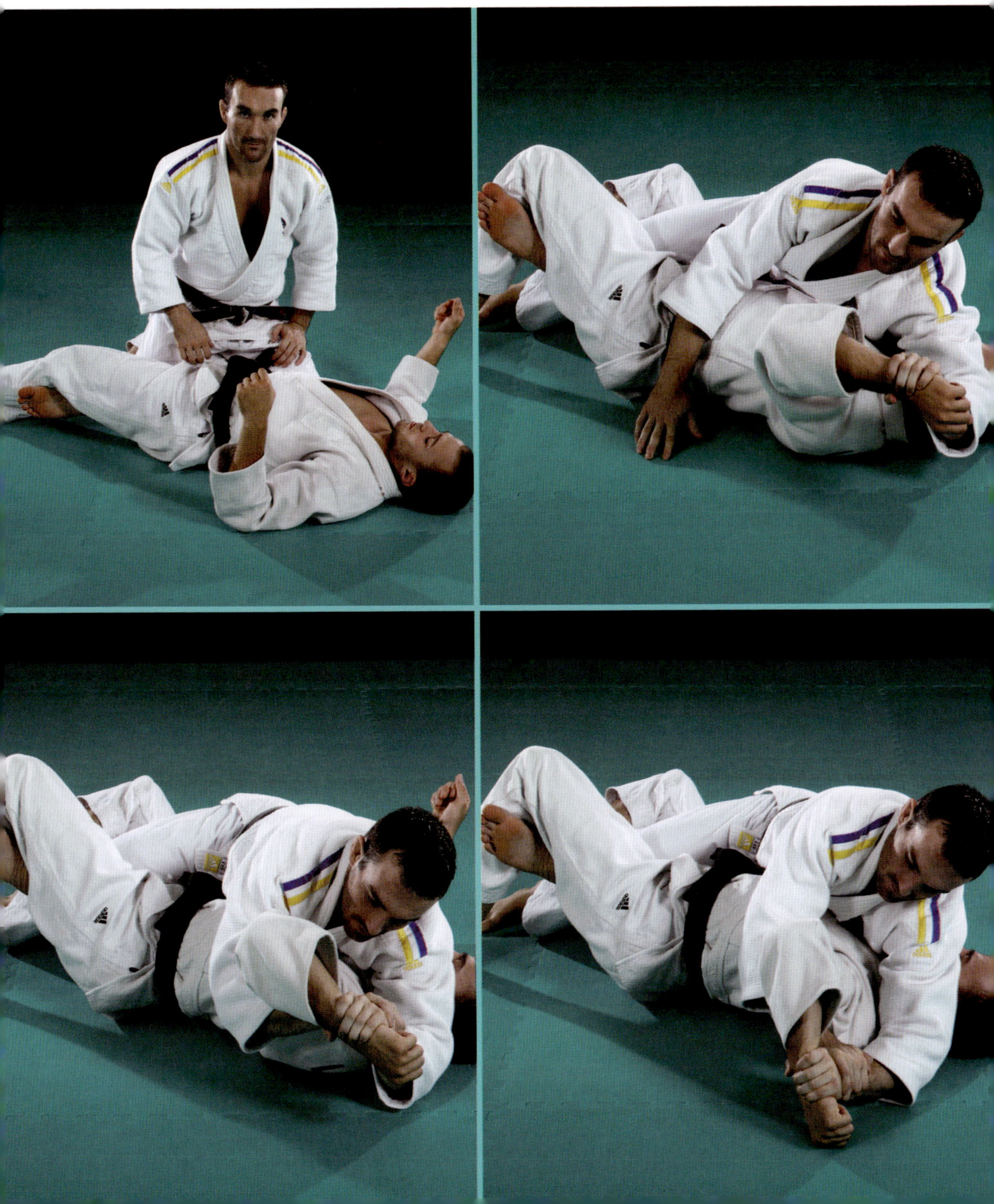

Seite 121

7 WÜRGETECHNIKEN

Shime-waza

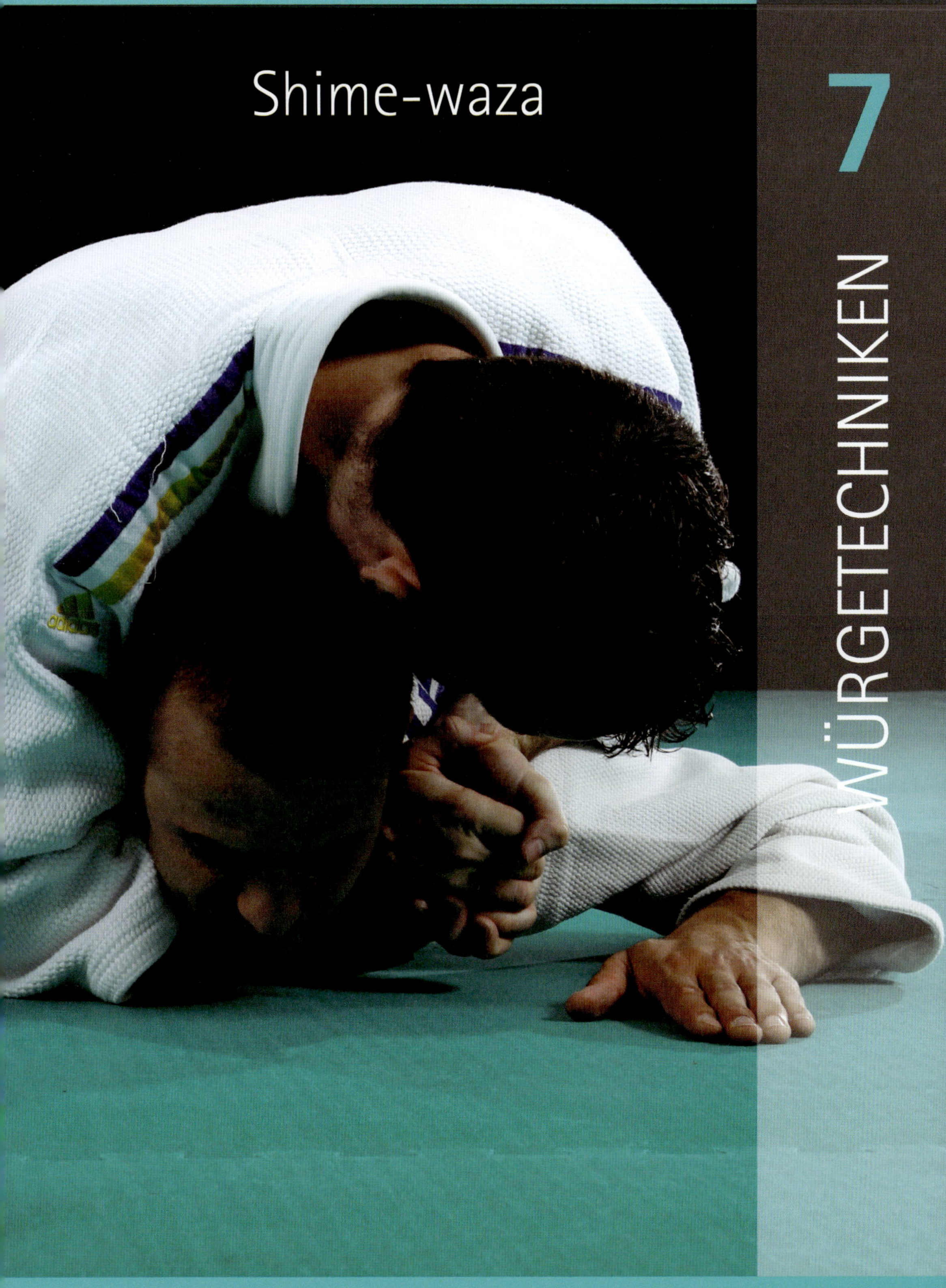

Sankaku-jime

Dreieckswürgen

AB

AKTION

- Uke ist in Bankposition, Tori steht vor Ukes Kopf.
- Tori greift mit der rechten Hand Ukes Gürtel. Tori fasst mit der linken Hand den rechten Ärmel von Uke auf Höhe des Ellenbogens. Er zieht Uke nach vorne, um seine Guard-Position zu öffnen.
- Sein linkes Knie steht vor der rechten Schulter von Uke. Der rechte Fuß von Tori schiebt sich unter die linke Achsel von Uke in Richtung des eigenen linken Knies.
- Tori setzt sich auf die rechte Gesäßhälfte und zieht kräftig am Gürtel und am Ärmel, um die Umkehrung zu beschleunigen.
- Tori streckt das linke Bein aus, greift erneut den linken Arm von Uke und zieht daran. Anschließend setzt er den linken Fuß in die Beuge des rechten Knies.
- Ukes Kopf und linker Arm sind zwischen Toris Beinen blockiert. Durch Heran-drücken der Oberschenkel und Anheben seines rechten Fußes vollzieht Tori den Würgegriff.

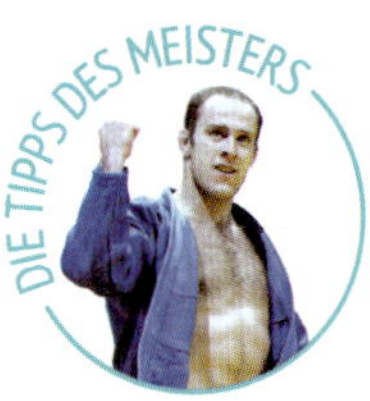

- Der rechte Fuß von Tori liegt beim Einhaken nicht flach auf der Matte, sondern die Fußsohle befindet sich parallel zum rechten Knie.
- Für ein leichteres Einhaken der Beine schiebt Tori sein Becken bei gestrecktem linkem Bein leicht Richtung Matte.
- Um Ukes Abwehr einzugrenzen, muss er seinen Arm festhalten.

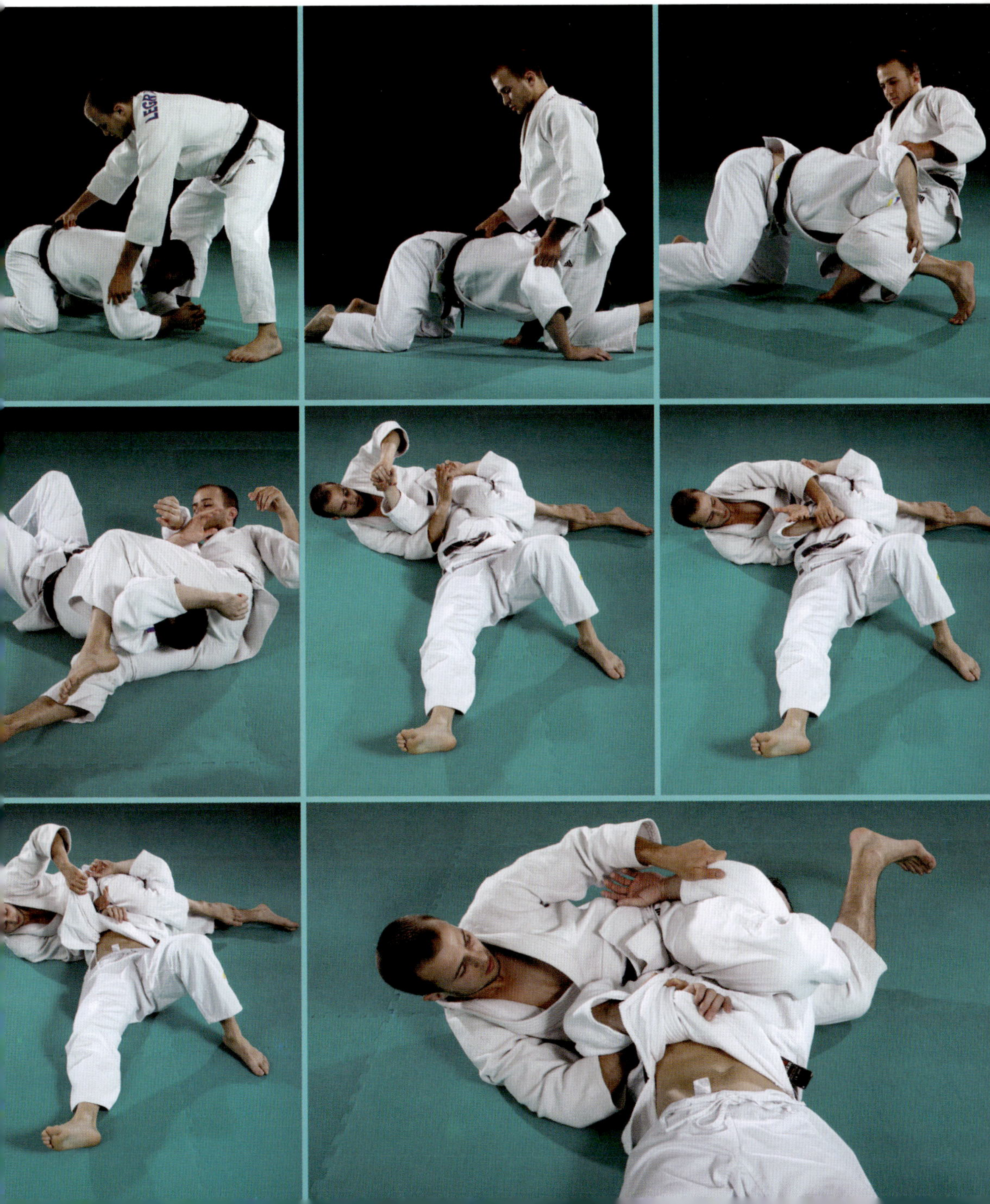

Kata-ha-jime

Würgen unter Festlegen einer Schulter

AB

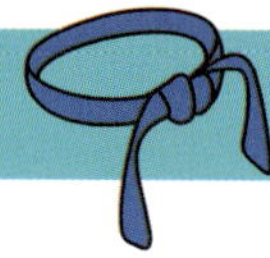

AKTION

- Uke ist in Bankposition, Tori im Reitsitz.
- Tori greift die beiden Kragenseiten, indem er beide Arme unter die Achseln von Uke schiebt und ihn umwirft, indem er auf die Seite rollt.
- Tori hält Uke mit den Beinen fest.
- Tori löst seine linke Hand vom Kragen und platziert sie unterhalb des Halses am Kragen auf Höhe der Halsschlagader, der Daumen zeigt nach innen.
- Auch die rechte Hand lässt den Kragen los und greift in den rechten Arm von Uke hinten um den Kopf herum mit der Handkante im Nacken.
- Tori drückt mit der linken Hand zu und hält mit der Kante seiner rechten Hand dagegen.

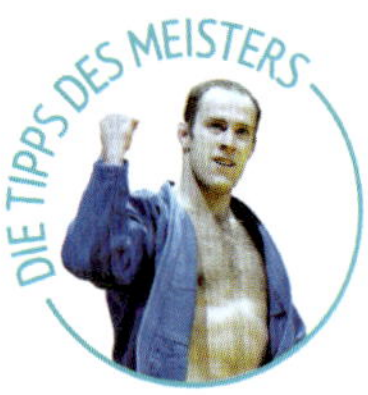

- Um diese Technik korrekt auszuführen, darf Uke nicht zu weit oben auf Tori liegen.
- Man darf nicht mit dem linken Arm ziehen, sondern muss das Handgelenk am Hals ausstrecken.
- Die beiden Hände führen eine Scherbewegung aus.
- Die linke Hand von Tori sitzt hoch genug am Kragen von Uke.
- Tori vermeidet es, zu stark zu ziehen, damit Uke nicht in eine Drehbewegung kommt.

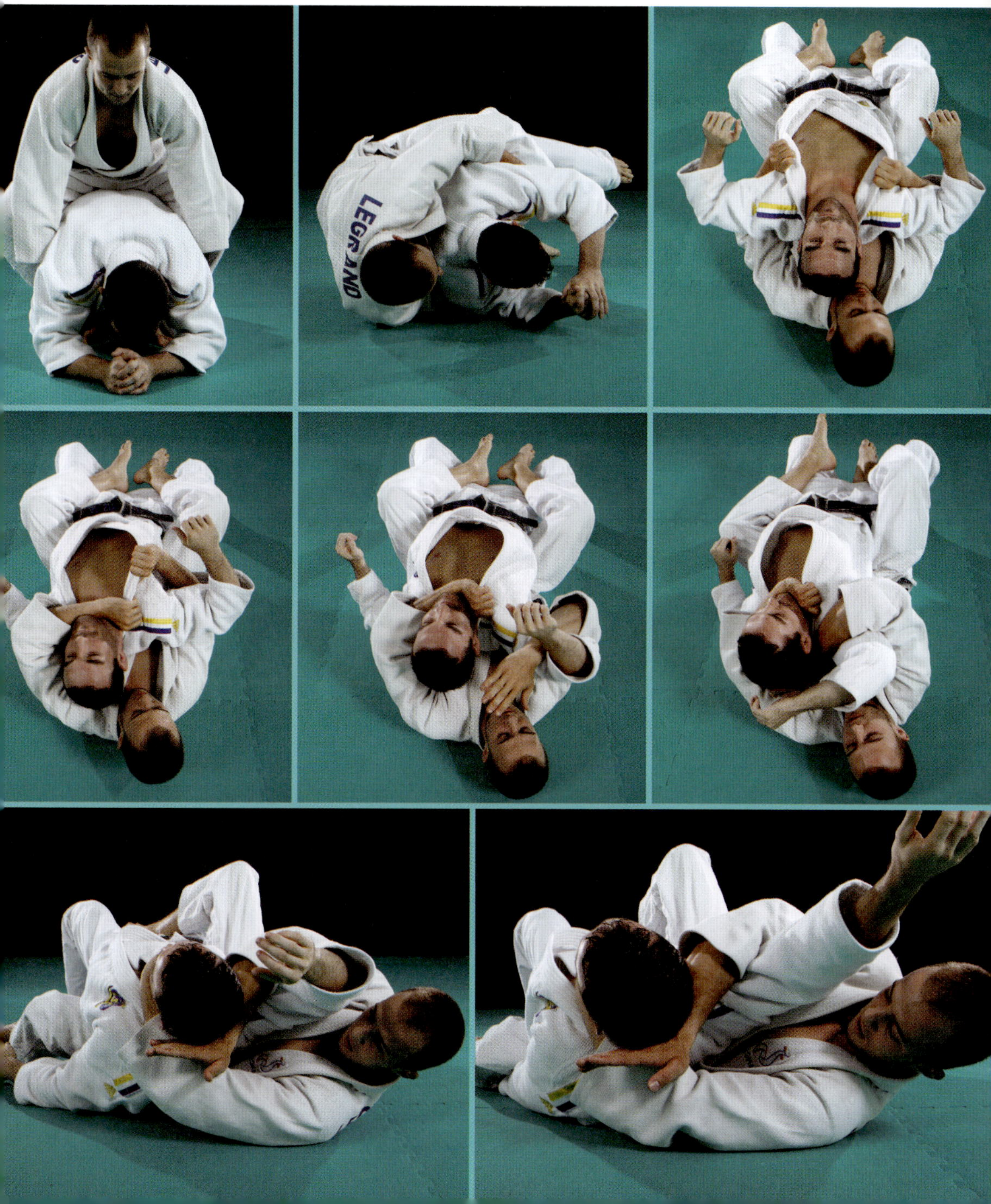
LEGRAND

Hadaka-jime

Freies Würgen

AB

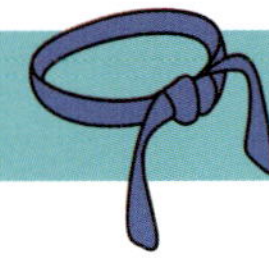

AKTION

- Uke ist in Bankposition, Tori im Reitsitz.
- Tori fasst unter den Achseln durch an das Revers von Uke und legt ihn flach auf den Bauch. Er krümmt Uke mit seinen Beinen, damit dieser vergisst, mit seinem Oberkörper dagegenzuhalten.
- Tori legt seinen rechten Arm auf die Luftröhre von Uke und greift seine andere Hand.
- Tori zieht seinen Arm in Richtung Brust.

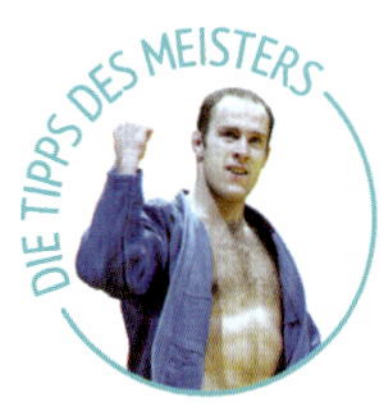

- Obwohl Hadaka-jime eine Basic-Würgetechnik ist, ist sie trotzdem sehr effektiv aufgrund des Überraschungseffekts.
- Durch die Position auf dem flachen Bauch kann Uke sich nicht mit den Händen verteidigen. Das Krümmen versetzt Uke in eine unbequeme Position, aufgrund derer er die Verteidigung mit dem Oberkörper außer Acht lässt.
- Tori positioniert die Kante des Unterarms auf Höhe der Luftröhre, verschränkt seine Hände und wandert auf der Luftröhre leicht nach oben. Er zieht zu sich, um Uke zu würgen.
- Es handelt sich nicht um ein Blutwürgen, sondern um ein Luftwürgen. Und das ist nicht gerade angenehm!

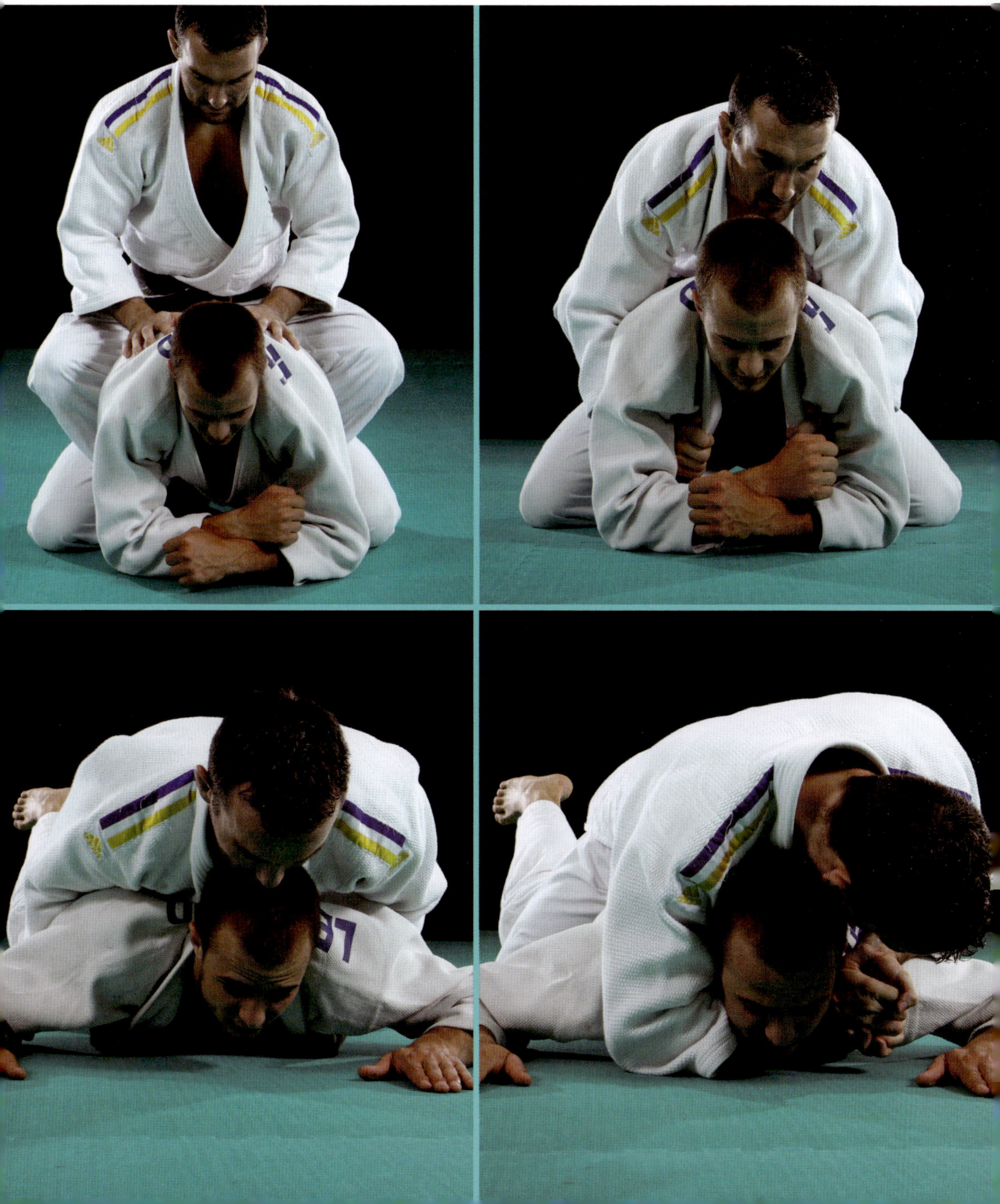

Okuri-eri-jime

Kragenwürgen (mit beiden Kragen)

AB 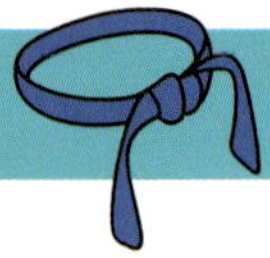

AKTION

- Uke ist in Bankposition, Tori kniet an seiner rechten Seite.
- Tori fasst das linke Revers von Uke unterhalb dessen Achsel. Er zieht kräftig nach oben, um Ukes linke Schulter zu lösen.
- Tori schiebt seine rechte Hand unter den Hals von Uke. Seine linke Hand übergibt den Kragen an die rechte Hand.
- Tori geht ein Stück nach vorne und zwingt Uke in die Bauchlage. Er hält den linken Arm von Uke mit seiner linken Hand fest und platziert seine linke Hüfte vor der rechten Schulter von Uke.
- Tori zieht den Würgegriff zu.

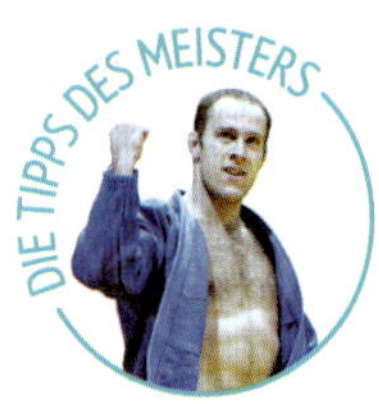

- Toris Hüfte stützt sich gegen die Schulterspitze. Er versucht nicht, am Kragen zu ziehen (mit dem Risiko, Uke umzudrehen), sondern sein Handgelenk so zu neigen, dass es sich auf die Kehle schiebt.
- Die Position der rechten Hand von Tori (mit der er würgen wird) muss an der Seite des Halses liegen. Nicht zu hoch, aber auch nicht zu tief.

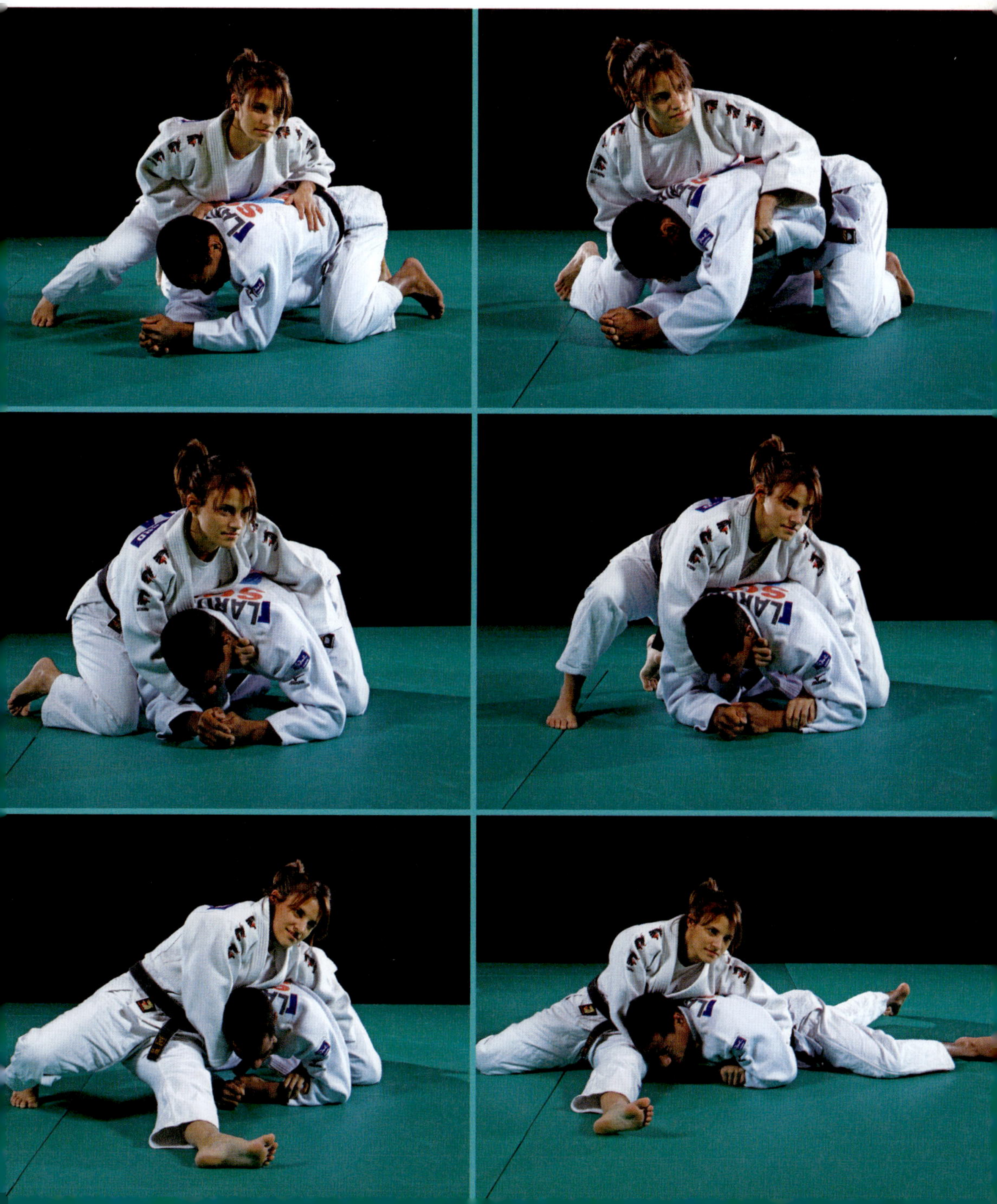

Kata-juji-jime
Mischkreuzwürgen

AB 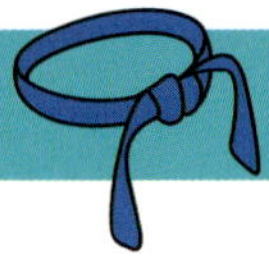

AKTION

- Tori befindet sich in Sitzposition, Uke kniet zwischen den Beinen von Tori.
- Tori greift mit seiner rechten Hand das rechte Revers von Uke, auf Höhe des Schlüsselbeins, mit vier Fingern auf der Innenseite.
- Tori greift mit seiner linken Hand über die andere Hand, mit dem Daumen nach innen, an das linke Revers von Uke.
- Tori legt Uke flach auf den Boden und wirft ihn auf die Matte.
- Tori drückt mit abgewinkelten Ellenbogen nach unten.

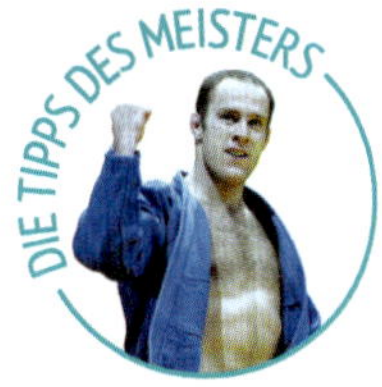

- Um die Technik noch effektiver zu machen, empfehle ich, Uke auf den Rücken zu drehen. Ihr Eigengewicht erleichtert den Würgegriff und macht es für Uke schwieriger, sich zu verteidigen.
- Toris Hände müssen hoch genug quer an Ukes Hals liegen.
- Tori muss darauf achten, seine Hände seitlich an den Halsschlagadern von Uke zu positionieren und zu ziehen, um die Lücke zu schließen.

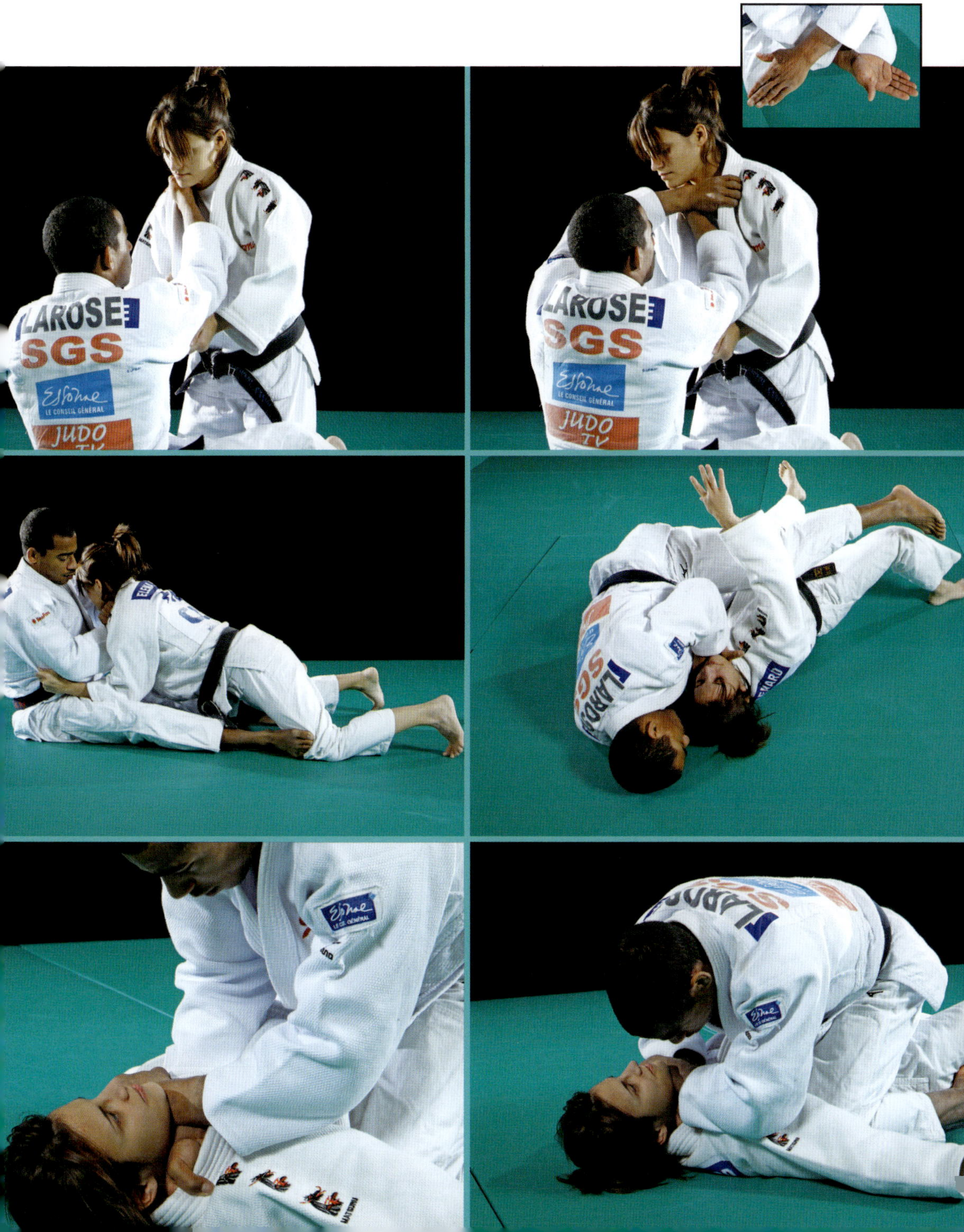
LAROSE
SGS
JUDO

Gyaku-juji-jime

Umgekehrtes Kreuzwürgen

AB

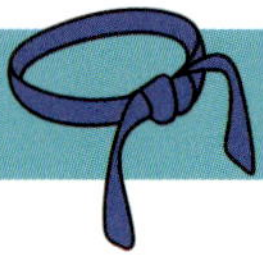

AKTION

- Tori befindet sich in Sitzposition, Uke kniet zwischen den Beinen von Tori.
- Tori fasst mit der rechten Hand an das rechte Revers von Uke und mit der linken Hand an das linke Revers (überkreuzt), mit vier Fingern nach innen auf Höhe der Halsschlagadern.
- Tori zieht Uke zu sich durch Zusammendrücken der Kragen und Abspreizen der Ellenbogen.
- Tori wirft Uke zu Boden und zieht den Würgegriff zu.

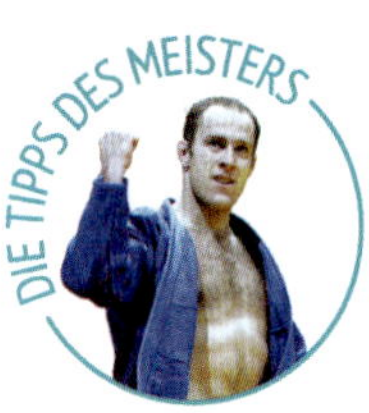

- Wie bei Kata-juji-jime versucht Tori, auf Uke zu steigen, um sich sein Gewicht zu Nutze zu machen und die Beine einhaken zu können.
- Tori positioniert seine umgekehrten Hände innen an den Judogi und versucht in erster Linie, seine Handrücken an Ukes Hals zu legen, um möglichst viel Fläche auf den Halsschlagadern von Uke zu haben.

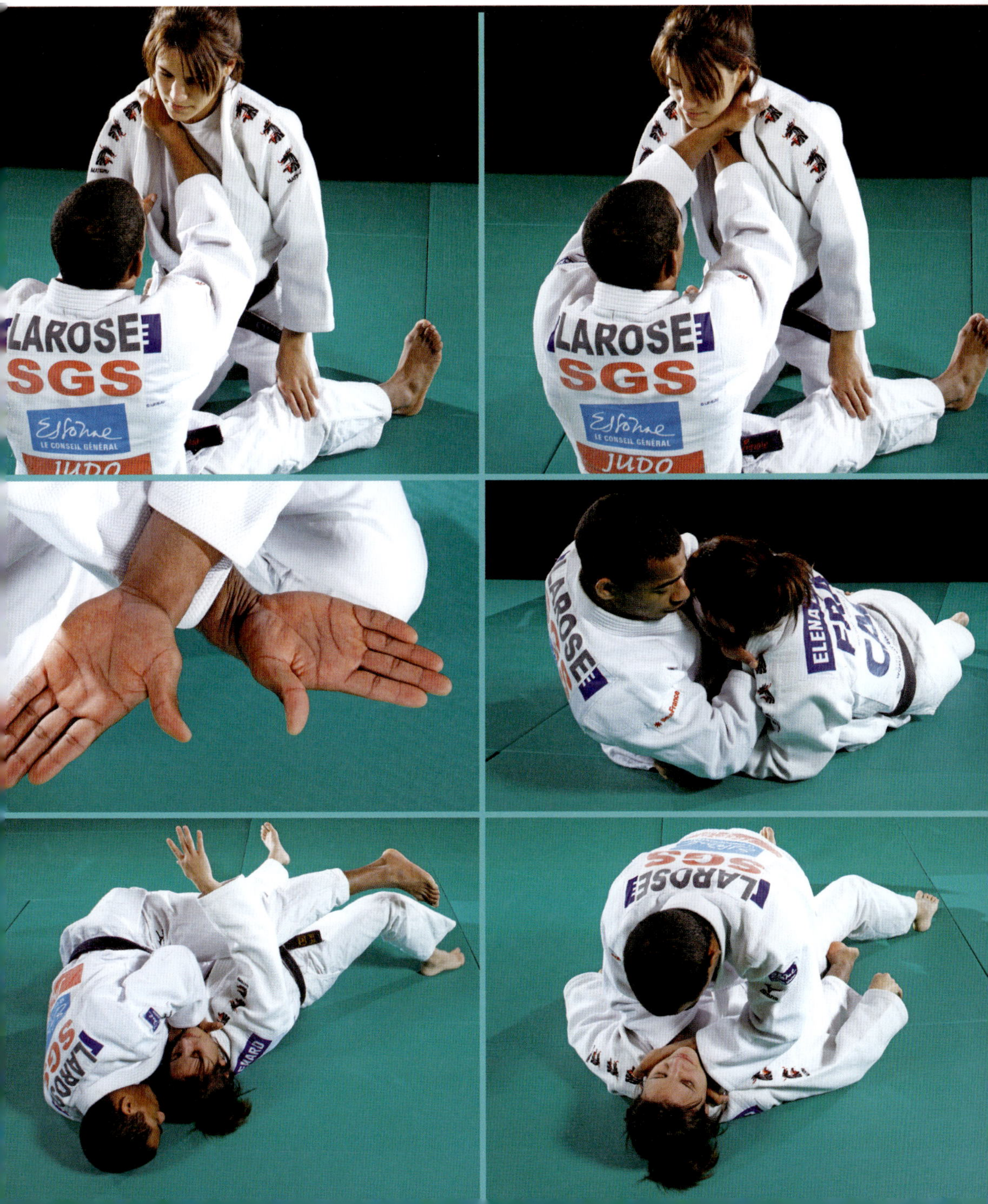
LAROSE
SGS
LE CONSEIL GÉNÉRAL
JUDO
ELENA

Nami-juji-jime

Ristkreuzwürgen

AB

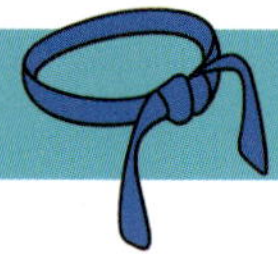

AKTION

- Tori befindet sich in Sitzposition, Uke kniet zwischen den Beinen von Tori.
- Tori fasst mit der rechten Hand an das rechte Revers von Uke und mit der linken Hand an das linke Revers (überkreuzt), mit den Daumen nach innen oberhalb der Halsschlagadern, der Ulnarrand der Unterarme berührt die Halsschlagadern.
- Tori zieht Uke zu sich durch Zusammendrücken der Kragen und Abspreizen der Ellenbogen.
- Tori hält Uke mit den Beinen fest und wirft ihn auf die Matte.

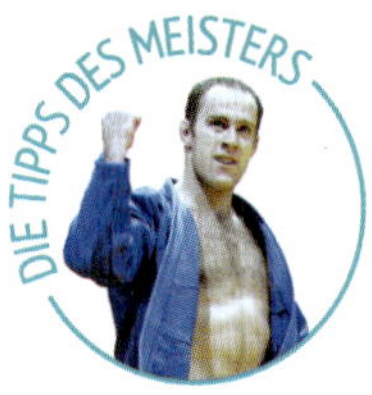

- Die Hände müssen etwas höher eingehakt werden als bei Gyaku-juji-jime, damit der Innenrand der Hände wie ein Schraubstock handeln kann.
- Das Zu-sich-Ziehen Ukes hindert ihn daran, sich mit den Armen zu verteidigen.
- Bei dieser Technik wird der Würgegriff mithilfe der Handkanten von Tori an den Halsschlagadern von Uke ausgeführt.
- Wie bei den weiter oben beschriebenen anderen Würgetechniken zieht Tori Uke zu sich, um den Würgegriff zuzuziehen und ihn dazu zu zwingen, aufzugeben.

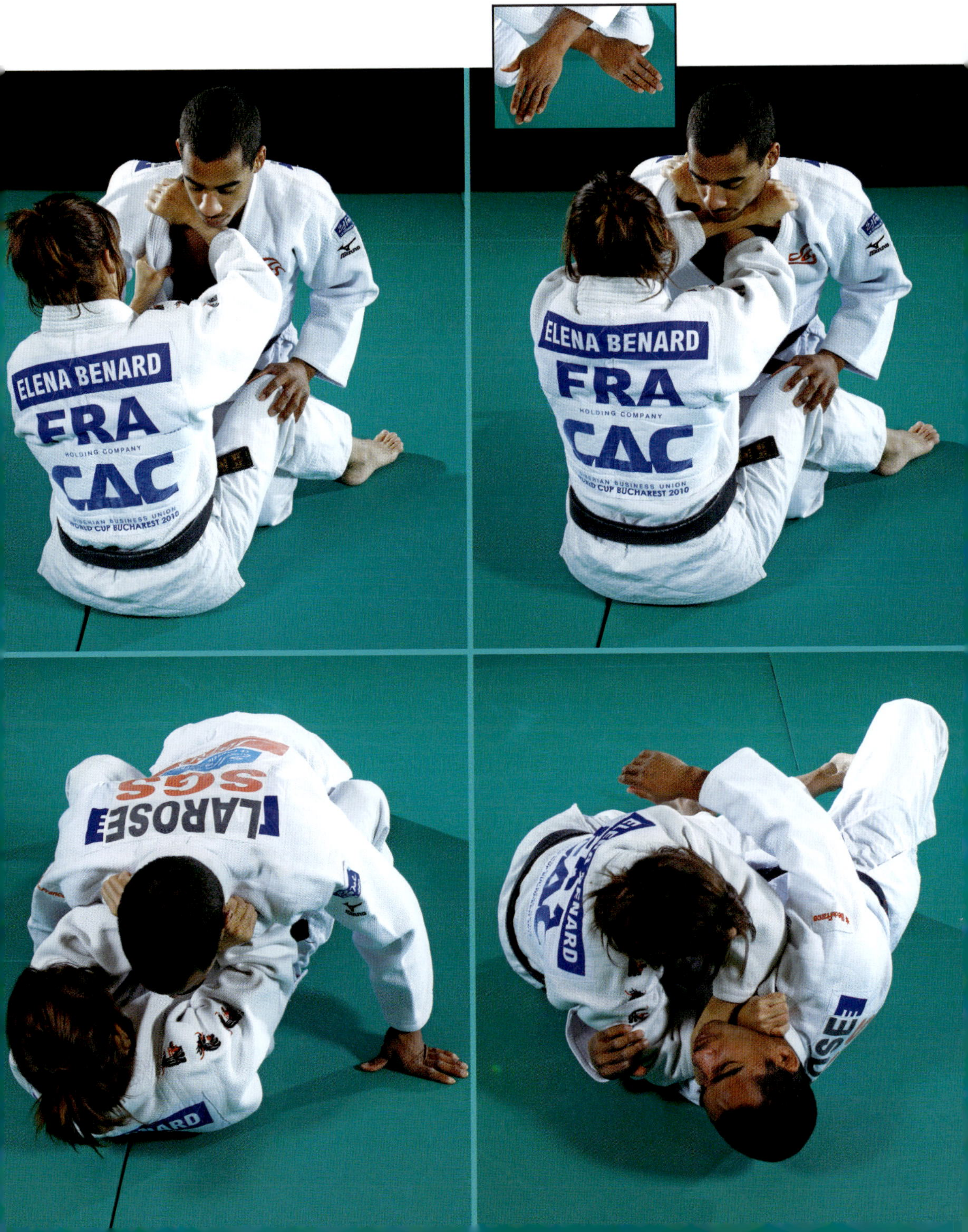
ELENA BENARD
FRA
HOLDING COMPANY
CAC
WORLD CUP BUCHAREST 2010
LAROSE
SGS

GLOSSAR

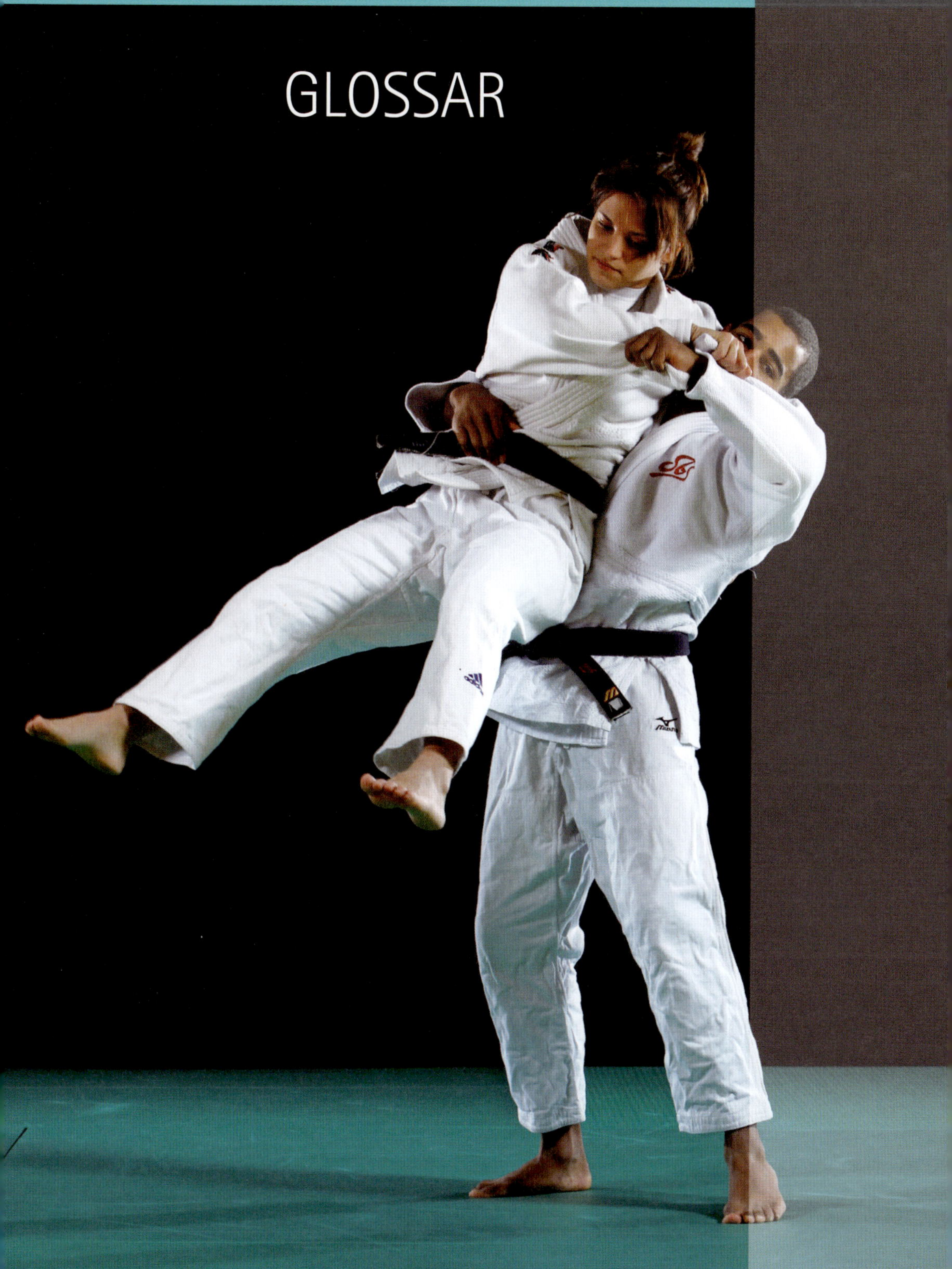

Ashi	**Fuß, Bein**
Ashi-baraï	Fußfeger
Ashi-gatame	Beinstreckhebel
Ashi-guruma	Beinrad
Ashi-waza	Fuß- und Beinwurf
Atemi	Schlag, Stoß
Baraï	**fegen**
Dan	**Meistergrad**
De-ashi-baraï	Fußfeger
Do	Weg
Dojo	Ort zum Erlernen des Weges, Judohalle
Eri	**Kragen, Revers**
Eri-jime	Kragenwürgen
Gaeshi	**Gegenangriff**
Gake	einhängen, einhaken
Garami	verdrehen
Gari	sicheln
Gatame	festhalten
Geïko	Übung
Goshi	Hüfte
Gyaku	verkehrt
Gyaku-juji-jime	umgekehrtes Kreuzwürgen
Hadaka	**frei, nackt**
Hadaka-jime	freies Würgen
Hane	federn, emporschnellen
Hane-goshi	Springhüftwurf
Hara	Bauch, Körpermitte
Hara-gatame	Bauchstreckhebel
Haraï	fegen
Haraï-goshi	Hüftfeger
Hidari	links
Hiza	Knie
Hiza-gatame	mit dem Knie hebeln
Hiza-guruma	Knierad
Hon	Basis, Fundament, Original
Hon-gesa-gatame	Schärpenhaltegriff
Ikomi	**zu Fall bringen**
Ippon	Punkt
Ippon-seoi-nage	Punkt-Schulterwurf
Jime	**würgen**
Ju	sanft
Ju-jitsu	Vorgänger des Judosports
Juji	Kreuz
Juji-gatame	Kreuzhebel
Jutsu	Kunst, Technik
Kami	**oberhalb**

Glossar

Kami-shio-gatame	Kopfvierer, Oberer Vierpunkthaltegriff
Kano Jigoro	Begründer des Judosports
Kansetsu	Gelenk
Kansetsu-waza	Hebeltechniken
Kata	Schulter, Form
Kata-gatame	Schulterhaltegriff
Kata-guruma	Schulterrad
Kata-ha-jime	Würgen unter Festlegen einer Schulter
Kata-juji-jime	Mischkreuzwürgen
Katame	Kontrolle, festhalten
Ken-ken	schnelles Nachsetzen
Kesa	Schärpe
Kesa-gatame	Schärpenkontrolle
Ki	innere Stärke
Kime	Lebenswichtige Punkte
Ko	klein
Ko-soto-gake	Kleines äußeres Einhängen
Ko-soto-gari	Kleine Außensichel
Ko-uchi-gari	Kleine Innensichel
Komi	ziehen, in, innen, einwärts
Koshi	Hüfte
Koshi-guruma	Hüftrad
Kubi-nage	Nackenwurf
Kumi-kata	Form des Greifens
Kuzure	Variante
Kuzure-gesa-gatame	Variierte Schärpe
Kuzushi	Gleichgewicht brechen
Kyo	Gruppe
Kyu	Schülergrad, Grad vor dem DAN
Mae	**vorwärts, vorne**
Maki	einrollen
Makikomi	in den Partner hineingehen und einrollen
Makura-gesa-gatame	Kissenschärpe
Mata	Schenkel/Innenschenkel
Migi	rechts
Morote	mit beiden Händen
Morote-gari	Beidhandsichel
Morote-jime	beidhändiges Würgen
Morote-seoi-nage	beidhändiger Schulterwurf
Mune	Brust
Nage	**werfen**
Nage-waza	Wurftechnikenn
Nami-juji-jime	Ristkreuzwürgen
Ne-waza	Bodentechniken
O	**groß**
O-goshi	Großer Hüftwurf

O-guruma	Großes Rad
O-soto-gari	Große Außensichel
O-soto-guruma	Großes Außenrad
O-soto-makikomi	Großes äußeres Einrollen
O-soto-otoshi	Großer Außensturz
O-uchi-gari	Große Innensichel
Obi	Gürtel
Okuri	Gürtel
Okuri-eri-jime	Kragenwürgen
Osae	halten
Osae-komi	Haltegriff zählt (Kampfrichterkommando)
Osae-komi-waza	Haltetechniken
Otoshi	fallen lassen
Randori	**freies Üben**
Reï	Höflichkeit, Verbeugung, Begrüßung
Ritsureï	Gruß im Stand
Ryu	Stil, Richtung
Sabaki	**bewegen, drehen, verteidigen**
Sasae	blockieren/stoppen
Senseï	Lehrer, Meister
Seoi	Rücken
Seoi-nage	Schulterwurf
Shiaï	Wettkampf
Shihan	Meister
Shio	vier Seiten, vier Richtungen
Shime	würgen
Shime-waza	Würgetechniken
Shintaï	Bewegung
Shiseï	Körperhaltung, Stellung
Sode	Ärmel
Sode-guruma	Ärmelrad
Soto	außen
Soto-makikomi	Außendrehwurf
Sukui	Schaufel
Sukui-nage	Schaufelwurf
Sumi	Ecke, Winkel
Sumi-gaeshi	Eckenwurf
Sutemi-waza	Opferwürfe
Tachi	**im Stehen, Stand**
Tachi-waza	Standtechniken
Taï-otoshi	Körperwurf
Taï-sabaki	Körperdrehungen
Tanden	Unterleib
Tani	Tal
Tani-otoshi	Talfallzug
Tatami	Reisstrohmatte

Glossar

Tate-shio-gatame	Reitvierer, unterer Vierpunkthaltegriff
Te	Hand
Te-guruma	Handrad
Tokui-waza	Spezialtechnik
Tomoe	Bogen
Tomoe-nage	Kopfwurf
Tori	Angreifer, Ausführender
Tsukomi	stoßen
Tsukomi-jime	Gestreckter Armwürgegriff
Tsukuri	Wurfansatz/Vorbereitungsphase eines Wurfs
Tsuri	anheben, ausheben, Zug
Tsuri-goshi	Hüftzug
Tsuri-komi	Hebezug
Tsuri-komi-goshi	Hebezughüftwurf
Uchi	**innen**
Uchi-makikomi	Kleines inneres Mitfallen
Uchi-mata	Innenschenkelwurf
Uchikomi	Wurfeindrehübung mit mehrfacher Wiederholung
Ude	Arm
Ude-garami	Armbeugehebel
Ude-gatame	Armstreckhebel
Uke	der zu Werfende
Ukemi	Fallübung
Uki	schweben, flattern
Uki-goshi	Hüftschwungwurf
Uki-otoshi	Schwebesturz
Uki-waza	Rückfallzug
Ura	Rückseite
Ura-nage	Rückwurf
Ushiro	hinten, rückwärts
Ushiro-gesa-gatame	umgekehrter Schärpenhaltegriff
Ushiro-goshi	Hüftgegenwurf
Utsuri	wechseln
Utsuri-goshi	Wechselhüftwurf
Waki-gatame	**Achselstreckhebel**
Waki-otoshi	Körperwurf mit Hebel
Waza	Technik
Waza-ari	halber Punkt
Yoko	Seite, seitlich
Yoko-guruma	**Seitrad**
Yoko-otoshi	Seitsturz
Yoko-shiho-gatame	Seitvierer; von der Seite vier Punkte kontrollieren
Yoko-wakare	Seitriß
Zareï	**Gruß im Knien**

DIE AUTOREN

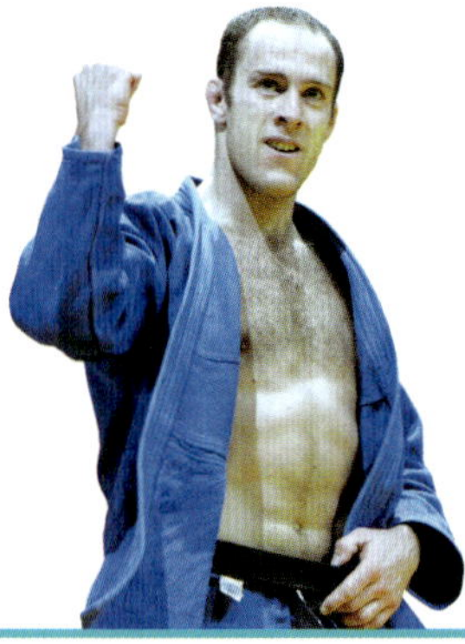

Frédéric DEMONTFAUCON hat mit dem Judosport in einem kleinen Verein in Avallon angefangen, wo er über viele Jahre an seinem hervorragenden Angriffsjudo feilte. Als glühender Vertreter des forschen Judos hat er immer versucht, eine effektive Ippon-Wertung zu erreichen!

Einer unserer größten Technikprofis, der in allen Bereichen brilliert hat, wurde achter Judoweltmeister in München im Jahre 2001.

Als sechsmaliger Französischer Meister (1998, 1999, 2000, 2001, 2004, 2007) dominierte er ein ganzes Jahrzehnt lang die Gewichtsklasse unter 90 kg.

Er nahm dreimal an Olympia teil und gewann bei den Spielen in Sydney im Jahr 2000 die Bronzemedaille.

Seit er dem Wettkampfsport den Rücken gekehrt hat, lehrt der »junge« Judotrainer (7. Dan) die Kunst des »Seirioku Zenyo«, bei dem es um den besten Einsatz minimaler Energie für maximale Effektivität geht.

Stéphane WEISS ist Journalist und Schriftsteller. Im Lauf seiner Karriere hat er seinen Beruf bei verschiedenen Medien ausgeübt. Im Fernsehen bei Euronews, dem Sender Voyage und TV5, im Radio bei Europe 2 sowie bei den Printmedien: Metro, Libération und L'Auto Journal. Seit 2011 arbeitet Stéphane Weiss für den Radiosender Espoir Fm in Agen. Auch am Judo Magazine (in den Jahren 1998 und 1999) und an der Internetseite www.francejudo.com (von 2004 bis 2006) arbeitete er mit.
Sehr schnell konnte Stéphane Weiss sich für den Judosport begeistern, dessen Werte er sehr schätzt. Außerdem verfasste er mehrere Bücher: Erfahrungsberichte, Ratgeber, Künstler- und Sportlerbiographien.

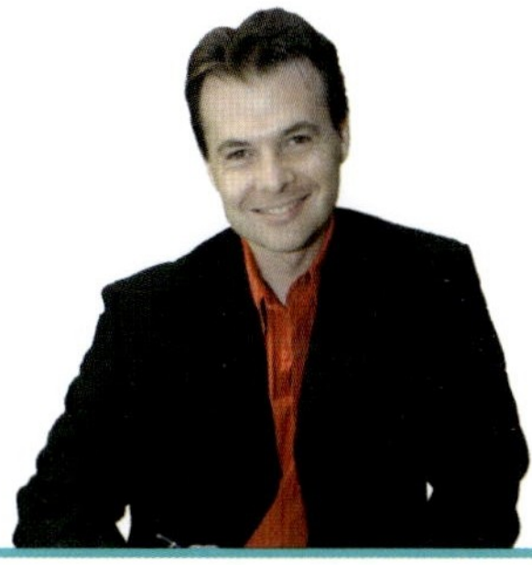

NÜTZLICHE ADRESSEN

Deutscher Judobund e.V.
Otto-Fleck-Schneise 12, 60528 Frankfurt
Tel. 069/677 20 80, djb@judobund.de
www.judobund.de

Österreichischer Judoverband
Wehlistraße 29, A-1200 Wien
Tel. 0043/1/332 48 48, office@oejv.com
www.oejv.com

Schweizerischer Judo & Ju-Jitsu Verband
Talgutzentrum 27, CH-3063 Ittigen b. Bern
Tel. 0041/31/359 73 73, office@sjv.ch
https://sjv.ch

Europäische Judo Union (EJU)
www.eju.net